民衆勝利の凱歌

創価の宗教改革

創価学会青年部編

第三文明社

はじめに

２０１１年（平成23年）11月28日、創価学会は〝魂《たましい》の独立〟から20周年を迎える。日顕宗からの「破門《はもん》通告」により、邪宗門の鉄鎖《てっさ》を断ち切り、世界宗教へと飛翔《ひしょう》した記念の日である。

この佳節《かせつ》を迎えるにあたり、青年部は２０１０年から機関紙「創価新報」に「創価完勝の旭日《きょくじつ》　平成の宗教改革」を連載した。日蓮大聖人の御書《ごしょ》を根本に、「なぜ日顕宗を破折《はしゃく》するのか」を明示し、「極悪日顕７つの大罪」を糾弾《きゅうだん》。さらには「法主絶対論」「僧俗差別」などの邪義《じゃぎ》の数々、大聖人とは無縁《むえん》の「葬式仏教」へと転落した腐敗堕落《ふはいだらく》の実態《じったい》を破折したのである。

本書は、連載の第1回から第24回までを収録したもので、青年部に限らずより多くの方々に読んでいただくことを願い、タイトルも新たに「民衆勝利の凱歌《がいか》　創価の宗教改革」とし、読みやすくコンパクトにまとめたものである。

編集にあたり、広宣流布《こうせんるふ》とはどこまでいっても永遠に仏と魔の戦いであることを、あらためて痛感した。

「御義口伝《おんぎくでん》」には、「悪を滅《めっ》するを功《く》と云《い》い善を生ずるを徳《とく》と云うなり」（御書７６２ページ）と仰《おお》せである。

釈尊は極悪の提婆達多《だいばだった》と戦い、大聖人も平左衛門尉《へいのさえもんのじょう》と極楽寺良観《ごくらくじりょうかん》、すなわち悪王と邪《じゃ》法《ほう》の僧の連合軍と戦い抜かれた。

創価学会もまた、三代会長が「猶多怨嫉況滅度後《ゆたおんしつきょうめつどご》」の経文通りに法難を乗り越え、「三類の強敵《ごうてき》」を打ち破ってきた。とくにこの20年間は、極悪法主《ほっす》率《ひき》いる「権威のための宗教」と戦う中、学会は「人間のための宗教」として、「閻浮提《えんぶだい》に広宣流布せしめんか」（顕仏未来記、５０７ページ）の御金言のままに、全世界に発展《はってん》した。

それとは逆に、広布破壊《はかい》を画策《かくさく》した邪宗門は、「始めは事なきやうにて終《つい》にほろびざるは候《そうら》はず」（聖人御難事、１１９０ページ）と仰せの通り、見るも無残《むざん》な〝滅《ほろ》びの姿〟を現じている。

仏法の〝裁《さば》き〟は厳しい。仏意仏勅《ぶついぶっちょく》の学会を「破門」した罪が、どれほど大きいか。広布破壊を画策した仏敵《ぶってき》の末路《まつろ》が、いかに哀《あわ》れなものか――この「破邪顕正《はじゃけんせい》」の一書から、「創価の宗教改革」の真実を読み取っていただければ、これ以上の喜びはない。

青年部結成60周年　２０１１年７月３日

創価学会青年部

民衆勝利の凱歌――創価の宗教改革■目次

第3章 日顕宗を破す 111

第4章 化儀編 173

凡　例

本書は「創価新報」連載の「創価完勝の旭日　平成の宗教改革」を基に加筆・再編集したものである。

御書のページ数は『日蓮大聖人御書全集』（創価学会版、二四七刷）により、（御書名、ページ数）で示した。

また、御書以外で用いられる（　）や（＝　）内は、研鑽にあたり必要と思われる西暦や年号、用語等に施した編者注である。

装幀／堀井美惠子（HAL）

本文レイアウト／安藤　聡

写真提供／聖教新聞社

第1章 なぜ日顕宗を破折するのか

日蓮大聖人《にちれんだいしょうにん》にことごとく違背《いはい》

創価学会は、創立以来、日蓮大聖人直結、御書《ごしょ》根本で広宣流布《こうせんるふ》の闘争《とうそう》を貫《つらぬ》いてきた。その結果、いまや192カ国・地域へと大きく発展《はってん》。妙法《みょうほう》の連帯は世界中に広がった。

御書には、「仏と提婆《だいば》とは身と影とのごとし（中略）法華経の行者あらば必ず三類の怨敵《おんてき》あるべし」（開目抄、230ページ）とある。法華経の行者が広宣流布に立ち上がるところ、身に影が添《そ》うように必ず魔が競い起こる。学会の前進の途上《とじょう》においても、広布を阻《はば》む極悪の一凶《いっきょう》、「日顕宗」が出現《しゅつげん》した。

本章では、教義のうえから、また、事実に基《もと》づいて、さらに歴史をひもときながら、大聖人の名を語る資格など微塵《みじん》もない邪教団「日顕宗」の本質を検証する。

広布破壊《はかい》の日顕宗こそ「極悪の一凶《いっきょう》」

御聖訓

いかなる大善《だいぜん》をつくり《作》法華経を千万部読み書写《しょしゃ》し一念三千の観道《かんどう》を得たる人なりとも法華経の敵《かたき》をだにも・せめ《責》ざれば得道《とくどう》ありがたし

（南条兵衛七郎殿御書、１４９４ページ）

〝僭聖増上慢《せんしょうぞうじょうまん》〟の性質と符合《ふごう》

「第六天《だいろくてん》の魔王《まおう》・十軍《じゅうぐん》のいくさを・をこして・法華経の行者と生死海《しょうじかい》の海中にして同居穢《どうこえ》土《ど》を・とられじ・うばはんと・あらそう、日蓮其《そ》の身《み》にあひあたりて大兵を・をこして二十余年なり、日蓮一度もしりぞく心なし」（辦殿尼御前《べんどのあまごぜん》御書、１２２４ページ）

広宣流布《こうせんるふ》は、仏と魔との戦いである。

池田名誉会長は、この御書《ごしょ》を引用《いんよう》し、魔との戦いについてこう述べられている。

「人生も社会も、すべてが戦いである。なかんずく、仏法は『広宣流布』が魂《たましい》であり、善と悪の戦いである。（中略）魔軍との戦いに、一歩も退《しりぞ》いてはならない」（1999年〈平成11年〉2月6日）

釈尊の時代には、師である釈尊を裏切り、亡《な》き者にしようとした提婆達多《だいばだった》がいた。

日蓮大聖人御在世《ございせ》当時には、権力と結託《けったく》して大聖人の命を狙った極楽寺良観《ごくらくじりょうかん》という悪僧がいた。

そして、学会が広宣流布に邁進《まいしん》する中、極悪の本性を顕したのが日顕宗である。

法華経勧持品《かんじほん》第13には、法華経の行者を迫害《はくがい》する「僣聖増上慢《せんしょうぞうじょうまん》」の性質について、こう説かれている。

〃聖者を装《よそお》い世間の尊敬を集めながら、内心は強欲《ごうよく》で悪心を持ち、権力者を動かして法華経の行者を攻撃する〃

善僧《ぜんそう》を装いながら大聖人の教義に違背《いはい》し、仏意仏勅《ぶついぶっちょく》の学会を貶《おとし》めようと策謀《さくぼう》をめぐらせてきた日顕宗と符合する。

また大聖人は、仏典を引かれて、こうも仰《おお》せである。

「当来《とうらい》の世仮《か》りに袈裟《けさ》を被《き》て我が法の中に於《おい》て出家学道し懶惰懈怠《らんだけたい》にして此《こ》れ等の方等《ほうどう》契経《がいきょう》を誹謗《ひぼう》すること有らん当《まさ》に知るべし此等は皆是《これ》今日の諸《もろもろ》の異道の輩《やから》なり」(佐渡御書、958ページ)

釈尊に敵対した六師外道《ろくしげどう》(6人の外道論師)の末流が、大聖人の時代には仏教の中に生まれてくる、と。

この御書を通じて、戸田第2代会長は断言された。

そうした邪僧《じゃそう》は、現代になれば、「こんどは日蓮正宗(=日顕宗)の中に生まれてくる」(「戸田城聖全集」第6巻「佐渡御書講義」)。

戸田会長は、邪宗門の本質を見抜き、日顕宗の出現《しゅつげん》を予見《よけん》されていた。

「如《し》かず彼《か》の万祈《ばんき》を修《しゅう》せんよりは此《こ》の一凶《いっきょう》を禁《きん》ぜんには」(立正安国論、24ページ)

大聖人は、民衆の幸福のためには、何よりも極悪の「一凶」を絶つべきだと仰《おお》せである。

大聖人に背《そむ》き、広宣流布を破壊する日顕宗は、まさに法華経に説かれる「僭聖増上慢」、そして、御書にある「六師外道の末流」、現代の「一凶」に他ならない。

この「一凶を禁ずる戦い」こそ、真の仏弟子の重要な使命なのである。

大聖人《だいしょうにん》とは一切無縁《いっさいむえん》の邪教団

日顕宗の何が謗法《ほうぼう》なのか。

日顕宗は、〝大聖人の直系〟などと自称しながら、実際は大聖人の教えにまったく反する邪義《じゃぎ》を唱えている。それらの邪義を生み出した元凶が阿部日顕である。

日顕は、宗門の最高責任者である法主《ほっす》・管長時代、こんなことを言った。

「『大聖人直結』などという、そういう考え方、その言葉自体が狂《くる》っておる」(1992年〈平成4年〉8月24日)

「御書《ごしょ》直結という語自体が、大聖人の御聖意に反している」(同8月28日)

つまり、大聖人よりも、御書よりも、法主に従え、法主が絶対だというのだ(法主絶対論)。

しかし、日興上人《にっこうしょうにん》が「当門流に於《お》ては御書を心肝《しんかん》に染《そ》め」(日興遺誡置文《ゆいかいおきぶみ》、1618ページ)と書き残されているように、大聖人の仰《おお》せの通りに信心の実践に励《はげ》むことが、仏道修行の要諦《ようてい》である。

戸田会長は語られた。

「我々は大聖人を信じ、大聖人の教えを行じているのだ。この原点を忘れたら大変なことになる。〝途中〟の僧侶などを盲信したら、すべてが狂ってしまう」

大聖人の仰せのままに実践してきたからこそ、学会は隆々《りゅうりゅう》たる発展《はってん》を遂《と》げた。

日顕宗は、法主（＝日顕）が絶対。これが「日顕宗」と呼ばれる所以《ゆえん》である。日顕以来の濁流《だくりゅう》は、いま二代目のニセ法主・早瀬日如《はやせにちにょ》に引き継がれている。

大聖人を軽んじ、法を歪《ゆが》めた邪師・日顕を崇《あが》める「日顕宗」は、大聖人の仏法とは一切無縁の邪教団なのである。

破邪顕正《はじゃけんせい》こそ仏法の真髄《しんずい》

なぜ日顕宗を破折《はしゃく》するのか。それは、御書《ごしょ》に照らして明らかだ。
「悪侶《あくりょ》を誡《いまし》めずんば豈《あに》善事《ぜんじ》を成さんや」（立正安国論、21ページ）
邪《よこしま》な思想で人々を惑《まど》わす悪侶は徹《てっ》して責めなければならない。悪と戦う人こそ真の仏法者である。
「いかなる大善《だいぜん》をつくり《作》法華経を千万部読み書写し一念三千の観道《かんどう》を得たる人なりとも法華経の敵《かたき》をだにも・せめ《責》ざれば得道《とくどう》ありがたし」（南条兵衛七郎殿御書、１４９４ページ）
どれほど善根を積み、仏法を理解していたとしても、仏敵《ぶってき》を責めずして、成仏することなどありえない。

謗法《ほうぼう》は断じて許さない。極悪と徹して戦う。破邪顕正――これこそが大聖人が一貫して説かれている仏法の真髄なのである。何より、大聖人の御生涯そのものが、悪との闘《とう》争《そう》の連続であられた。

また、日興上人は、こう誡《いまし》められている。

「時の貫首《かんず》為《た》りと雖《いえど》も仏法に相違して己義《こぎ》を構えば之《これ》を用う可《べ》からざる事」(日興遺誡置文、1618ページ)

たとえ時の法主でも、邪義《じゃぎ》を構えて仏法に相違するならば決して用いてはならない。

日顕や日如の誤《あやま》りを糾《ただ》し、日顕宗を破折していくことは、宗開両祖《しゅうかいりょうそ》の御遺命《ごゆいめい》にかなう仏道修行の根幹なのである。

哀《あわ》れな末路《まつろ》を歴史に刻《きざ》め!

宗開両祖の教えの通りに、創価三代の会長は、謗法《ほうぼう》を徹底して糾弾《きゅうだん》された。

〈牧口初代会長〉

（「魔競《きそ》はずは正法と知るべからず」〈兄弟抄、1087ページ〉の一節を引用《いんよう》して）

「従来《じゅうらい》の日蓮正宗の信者のなかに『誰か三障《さんしょう》四魔《しま》競へる人あるや』と問わねばなるまい。魔が起こるか起こらないかで、信者と行者の区別がわかる」（1942年〈昭和17年〉11月、創価教育学会第5回総会）

〝従来からの信者〟である檀家《だんか》や坊主の中に、不惜身命《ふしゃくしんみょう》の戦いで魔を現出させた者などいない。それは法華経の行者ではなく、単なる〝信者〟に過ぎない。

〈戸田第2代会長〉

「（牧口）先生の法難に驚《おどろ》いて先生を悪

世界各国のSGI青年部（2009年〈平成21年〉10月）。学会は192カ国・地域へと妙法の連帯を広げた

口した坊主共よ。法を捨て先生を捨てたる意気地無共《いくじなし》よ。懺悔滅罪《ざんげめつざい》せんと欲すれば我等が会に来って先生の遺風《いふう》を仰《あお》ぎ仏の御訓《みおしえ》に随順《ずいじゅん》すべきである」（１９４６年〈昭和21年〉11月、価値創造「牧口先生」）

戦時中、戦争に反対した牧口会長と学会に、国家権力からの激しい弾圧が加えられた。軍部政府の圧力に屈した宗門は、牧口会長に神札を受けるよう強要。信念を貫《つらぬ》いた牧口会長は、これを断固拒否《きょひ》した。

自己保身のためなら平然と法を捨てる。広宣流布を忘れ腐敗堕落《ふはいだらく》していった邪宗門を、戸田会長は断じて許さなかった。

「なぜ宗門の堕落が始まり、腐敗していくのか。それは、広宣流布という至上《しじょう》の目的に生きることを忘れているからなのだ」

「坊主には絶対にだまされるな。日蓮正宗も同じだぞ。御本尊と御書《ごしょ》以外は信じてはいけない」

「宗門は、金がたまれば、必ず威張《いば》り、贅沢《ぜいたく》をする。それどころか、広宣流布を断行しゆく正義の団体である学会に嫉妬《しっと》し、敵対してくるだろう」

信徒を見下し威張る。供養をむさぼり贅沢、遊興《ゆうきょう》にふける。さらには、広宣流布を進める学会に怨嫉し妨害《ぼうがい》する。

まさに、この戸田会長の警告は的中する。

〈池田名誉会長〉

「追撃《ついげき》の手を緩《ゆる》めるな！」とは戸田会長の遺訓《いくん》である。

師の遺志《いし》を厳然《げんぜん》と受け継がれ、池田名誉会長は徹して呼びかけている。

「広宣流布を破壊する仏敵《ぶってき》とは絶対に妥協《だきょう》してはならない。また油断してはならない。徹底して戦い、破折《はしゃく》し、打ち負かして、その末路を歴史に刻んでいくことこそ、真の慈悲《じひ》である」（２００７年〈平成19年〉８月21日）

――法主自《みずか》ら広布破壊《はかい》の「Ｃ作戦」を立案・実行し、創価学会を破門してから20年、全世界に広がる学会とは対照的に、信徒数が全盛期の２％にまで落ち込み、見るも無残《むざん》な泡沫《ほうまつ》教団へと転落した日顕宗。

広布破壊の哀《あわ》れな末路は、永遠に仏法史に刻まれるであろう。

第2章

極悪日顕
7つの大罪

「C作戦」で学会の破壊《はかい》を画策《かくさく》

日蓮大聖人《にちれんだいしょうにん》の教義に違背《いはい》する邪義《じゃぎ》を吹聴《ふいちょう》し、謗法《ほうぼう》、遊蕩《ゆうとう》の限りを尽《つ》くしてきた阿部日顕。仏教史上、類例《るいれい》のない日顕の悪業《あくごう》の数々を「7つの大罪」として集約した。

❶破和合僧《はわごうそう》の大罪——創価学会の破壊《はかい》を画策《かくさく》
❷相承詐称《そうじょうさしょう》の大罪——宗門を乗っ取った〝ニセ法主《ほっす》〟
❸先師に反逆《はんぎゃく》・不知恩《ふちおん》の大罪——醜い嫉妬《しっと》と怨念《おんねん》
❹三大秘法《さんだいひほう》破壊《はかい》の大罪——大御本尊を偽物《にせもの》呼ばわり
❺宗門私物化の大罪——豪遊、豪邸、大散財
❻謗法与同《ほうぼうよどう》の大罪——禅寺に墓を建立、身延《みのぶ》と野合《やごう》
❼二枚舌《にまいじた》・大妄語《もうご》の大罪——最高裁で2度断罪

❶破《は》和《わ》合《ご》僧《うそう》の大罪――創価学会の破《は》壊《かい》を画《かく》策《さく》

御聖訓

悪行《あくぎょう》猶《なお》以《もっ》て飽《あ》き足《た》らず為《ため》に法華経行者の跡《あと》を削《けず》り謀案《ぼうあん》を構えて種種の不実《ふじつ》を申し付くるの条・豈《あに》在世の調達《ちょうだつ》（＝提婆達多）に非《あら》ずや
（滝泉寺申状《りゅうせんじもうしじょう》、853ページ）

1990年（平成2年）7月16日　西片《にしかた》で極秘裏《ごくひり》に謀議《ぼうぎ》

「破和合僧《はわごうそう》」とは、広宣流布《こうせんるふ》を進める和合僧団を破壊《はかい》することである。

この「破和合僧」の大罪は、仏法上、〝無間地獄《むけんじごく》に堕《お》ちる〟と説かれる「五逆罪《ごぎゃくざい》」の一つであり、仏弟子が絶対に戒めなければならないものである。

「命限り有り惜《おし》む可《べ》からず遂《つい》に願う可きは仏国也《なり》」（富木入道殿御返事、955ページ）

「未《いま》だ広宣流布せざる間は身命《しんみょう》を捨て随力弘通《ずいりきぐつう》を致《いた》す可《べ》き事」（日興遺誡置文《ゆいかいおきぶみ》、1618ページ）

宗開両祖《しゅうかいりょうそ》の仰《おお》せの通り、「不惜身命《ふしゃくしんみょう》の精神」で広宣流布を推進し、世界中に妙法《みょうほう》を弘めてきたのが学会である。

この仏意仏勅《ぶついぶっちょく》の和合僧団を、嫉妬《しっと》と怨念《おんねん》に狂《くる》って破壊しようとしたのが、阿部日顕なのだ。

今から21年前の1990年（平成2年）——創立60周年という節目《ふしめ》を迎えた学会は、旭日の勢いで世界広布に邁進《まいしん》していた。

折《おり》しもこの年は、戸田第2代会長の33回忌《かいき》、さらに、「大石寺開創《かいそう》700年」にあたり、全国各地で、記念行事が盛大《せいだい》に開催《かいさい》されていた。

そんな慶祝《けいしゅく》ムードの中、信じがたいことに、日顕は、法主《ほっす》の身でありながら、広布破壊の陰謀《いんぼう》をめぐらせていた。

「C作戦」、すなわち「創価学会分離《ぶんり》作戦」である。

◇

90年7月16日、東京・文京区西片にあった大石寺出張所に、人目をはばかるように7人の坊主が集まった。

出席者の一人、「陰《かげ》の総監《そうかん》（＝宗門ナンバー2の役務）」の異名を持つ故・河辺慈篤《かわべじとく》（当時、北海道大布教区長）のメモによれば、集まったのは、河辺のほかに、当時、総監の藤本日潤《ふじもとにちじゅん》、庶務部長の早瀬義寛《はやせぎかん》（現・日如《にちにょ》）、大石寺主任理事の八木信瑩《やぎしんえい》（現・日照《にっしょう》）、渉外部長の秋元広学《あきもとこうがく》、海外部主任の関快道《せきかいどう》、そして阿部日顕の7人である。法主や役僧が雁首《がんくび》をそろえて、一体何を打ち合わせていたのか。

河辺メモには、

「池田（名誉会長）を追放《ついほう》すべきだ。など強硬《きょうこう》意見が出る」

「特に猊下《げいか》（＝日顕）は『池田追放』と激しい口調で強調されていた」

と明記されている。

学会に情報が漏《も》れないよう、会議が極秘で行われた経緯《けいい》も克明《こくめい》に記されている。日顕は、池田名誉会長を宗内から追放し、学会を支配下に置くか、さもなくば解散《かいさん》させようと企《たくら》んでいたのだ。

7月18日　御前会議《ごぜんかいぎ》「Cだよ」と日顕自《みずか》ら命名《めいめい》

翌々日の18日には、大石寺大書院《だいしょいん》にて再び会議。河辺メモには、誰かに立ち聞きされないよう部屋の障子《しょうじ》を開《あ》け放って行われた様子が記されている。見逃せないのは、作戦名が決まる瞬間《しゅんかん》を記した次のくだり。

河辺＝「この作戦はG作戦だ」

日顕＝「それは違う、Cだよ」

河辺の言う「G」とは「学会」の頭文字を指しているが、日顕は「G」ではなく「C作戦」と自ら命名した。後に日顕自身が「カットするという意味だ」と漏《も》らしたように、「C」とは「CUT」の頭文字で、名誉会長を「切る」という意味だ。

作戦決行のタイミングをめぐっては、意見が分かれた。

というのも、その頃、僧侶の腐敗堕落《ふはいだらく》が大きな問題となっており、「作戦を実行しても、返《かえ》す刀《かたな》

1990年（平成2年）7月18日の謀議内容を記録した河辺慈篤のメモ

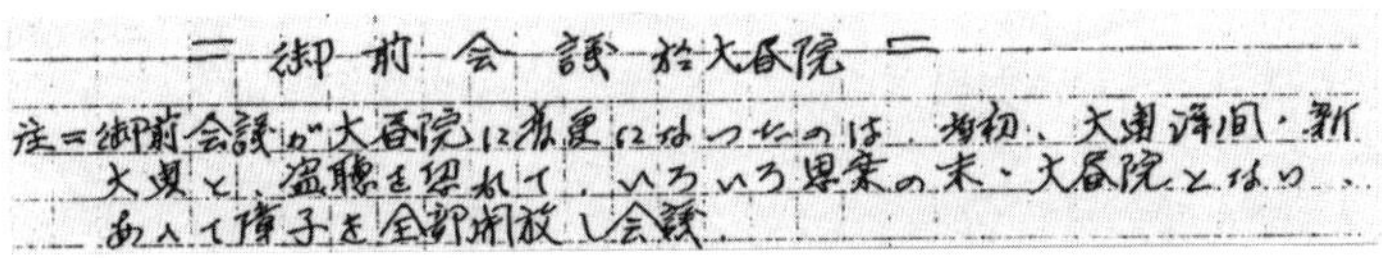
＝御前会議　於大書院＝
注＝御前会議が大書院に変更になったのは、当初、大奥謁見・新大奥と、盗聴を恐れて、いろいろ思案の末、大書院となり……あえて障子を全部開放し会議。

「それは違う、Cだよ」と、日顕が自ら作戦名を決定した

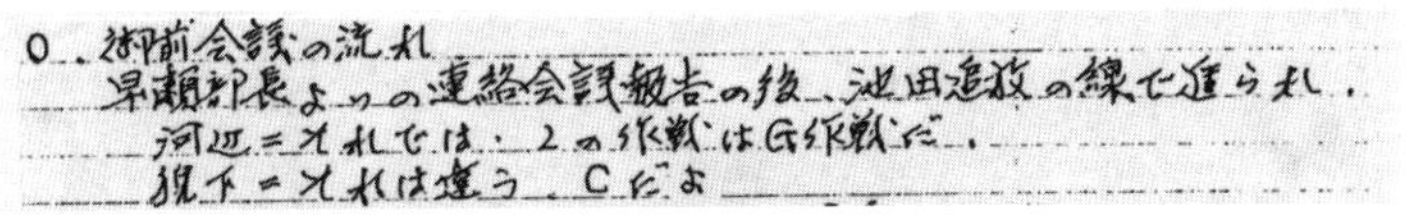
○、御前会議の流れ
早瀬部長よりの連絡会議報告の後、池田追放の線で進められ、
河辺＝それでは、この作戦はG作戦だ。
猊下＝それは違う、Cだよ

で、この綱紀《こうき》問題で学会にやられる」との意見があったからだ。

謀議《ぼうぎ》から作戦決行までの5カ月間、大石寺には、大勢の学会員が登山で訪れた。

日顕は、陰《かげ》で謀略《ぼうりゃく》を画策《かくさく》しながら、表では、記念行事などを通じて、学会員から膨大《ぼうだい》な供養を貪《むさぼ》り取っていた。

供養を取れるだけ取って、金が貯《た》まったら学会を切る。

要するに日顕にとっては、広宣流布など、どうでもよかったのである。

「20万つけばいい」と浅《あさ》ましい目論見《もくろみ》

その年の慶祝行事がすべて終了した12月、日顕は、「C作戦」を始動する。

その手口は、卑劣《ひれつ》極まりないものだった。

まずは12月16日、宗門は、突如、学会本部に「お尋《たず》ね」なる文書を送りつける。

それは、出所不明《しゅっしょふめい》の音声テープを根拠に、〝池田名誉会長が会合で法主と宗門を誹謗《ひぼう》した〟などと、事実無根《じじつむこん》の難癖《なんくせ》をつける内容だった。

後に、この「お尋ね」文書は、根拠となるテープの引用《いんよう》自体が改ざんされていたことが発覚するが、この時点で学会は、誤解《ごかい》を解くため、話し合いによる解決を求めた。

しかし日顕は、これを拒否《きょひ》。直後の12月27日、臨時《りんじ》宗会《しゅうかい》を開き、宗規《しゅうき》（宗門の規則）を変えて、池田名誉会長を総講《そうこう》頭職《とうしょく》から「罷免《ひめん》」したのだ。

この頃、日顕は、周囲にこう放言《ほうげん》していた。

「本山に20万人つけばいい」

金は十分に貯《た》まった。口うるさい学会はもう必要ない。学会と離れても、20万人残って、これまで通り供養を運んでくれば生活は安泰《あんたい》。楽をして暮らせる――。

これが、日顕の浅ましい魂胆《こんたん》だった。

「悪行《あくぎょう》猶《なお》以《もっ》て飽《あ》き足《た》らず為《ため》に法華経行者の跡《あと》を削《けず》り謀案《ぼうあん》を構えて種種の不実《ふじつ》を申し付くるの条・豈《あに》在世の調達《ちょうだつ》（＝提婆《だいば》達多《だった》）に非《あら》ずや」（滝泉寺《りゅうせんじ》申状《もうしじょう》、853

1990年（平成2年）7月16日の西片会議に続き、7月18日には大石寺大書院で「C作戦」の謀議が行われた（日顕＜中央＞から、時計回りに、河辺、藤本、八木、関、秋元、早瀬）

ページ）
悪行を重ねても重ねても飽きたらず、謀略《ぼうりゃく》を弄《ろう》して法華経の行者を迫害《はくがい》する。日顕こそ、まさしく〝現代の提婆達多〟という他あるまい。

〝自殺《じさつ》・一家心中《いっかしんじゅう》が出る〟冷酷非道な計画

いかに日顕らが、背筋《せすじ》も凍《こお》るような悪らつ極まる謀略《ぼうりゃく》を考えていたか。

「C作戦」計画書の前文には、

「池田名誉会長を総講頭職《そうこうとうしょく》から解任《かいにん》し、（中略）創価学会組織の徹底壊滅《てっていかいめつ》を図《はか》り」

と、書かれている。

この作戦通り、名誉会長を罷免《ひめん》し、いよいよ学会組織の壊滅を図ろうとしたのだ。

さらに、本文を見ると、

「信心の弱い学会員、理性によって判断できない類《たぐ》いの学会員のなかには、ノイローゼ状態に陥《おちい》り、自殺・一家心中の不幸が起きる可能性などがある」とある。

「C作戦」発動によって、ノイローゼによる自殺者、一家心中が出ることまで想定していたのだから、人々の幸福や生命尊厳を説く仏法者とは到底思えぬ、〝奪命者《だつみょうしゃ》〟の所行《しょぎょう》である。

「御義口伝《おんぎくでん》」には、「最上第一の相伝」として「当起遠迎当如敬仏《とうきおんごうとうにょきょうぶつ》」（御書781ページ）と仰《おお》せである。

仏道修行に励《はげ》む人を、立ち上がって迎え、仏の如《ごと》く称《たた》え敬っていくのが仏法である。まして や法主ならば、仏子を励まし、いたわり、守るのが、使命と責務ではないか。しかし、励ますどころか、学会を妬《ねた》んだ揚《あ》げ句《く》、〝死者が出る〟とまで想定《そうてい》していたのである。

全世界、1600万人から法主退座要求書《ほっすたいざようきゅうしょ》

しかし、学会は、日顕の卑劣《ひれつ》な策謀《さくぼう》にも微動だにしなかった。

和合僧の分断《ぶんだん》を図《はか》ろうとする悪の本質を厳然《げんぜん》と見破り、即座《そくざ》に、日顕を破折《はしゃく》、糾弾《きゅうだん》する正義の闘争《とうそう》を開始した。

「C作戦」を起こしてもまったく動じない学会に、日顕は焦《あせ》りを感じていた。

翌1991年（平成3年）になると、日顕は、ますます学会弾圧に狂奔《きょうほん》する。御本尊下《か》付《ふ》の停止、登山の停止、海外での檀徒《だんと》作りなど、あらゆる手を尽くして、学会を潰《つぶ》しにか

かった。

そして、同年11月7日に「解散勧告書《かいさんかんこくしょ》」、同月28日には、「破門通告書《はもんつうこく》」なるものを送りつけた。

「破門」と言えば、驚《おどろ》いて学会員が宗門に従《したが》うとでも思ったのだろうが、こんな幼稚《ようち》な〝こけおどし〟など誰も相手にしなかった。

日顕の姑息《こそく》な目論見《もくろみ》は、木っ端微塵《こっぱみじん》に崩れ、「破門通告書」が送られた11月28日は、卑劣な邪宗門との鉄鎖《てっさ》を断ち切った〝魂《たましい》の独立記念日〟となったのである。

この「魂の独立」から20年、学会は赫々《かっかく》たる勢いで勇躍《ゆうやく》前進。「学会組織の徹底壊滅《かいめつ》」どころか、これを機に、世界115カ国・地域から192カ国・地域へと、隆々《りゅうりゅう》たる発展を遂《と》げた。

一方、日顕は、学会を切った1カ月後の12月27日、全世界から集まった1624万9638人という、未曾有《みぞう》の数の署名とともに、「法主退座要求書」を突きつけられたのである。

❷相承詐称《そうじょうさしょう》の大罪

——宗門を乗っ取った〝ニセ法主《ほっす》〟

御聖訓

一切衆生《いっさいしゅじょう》に法華経《ほけきょう》を信ぜしめて仏に成《な》る血脈を継《つ》がしめん

（生死一大事血脈抄、1337ページ）

日顕宗では、法主《ほっす》から次の法主へと伝わる「唯授一人《ゆいじゅいちにん》」の「血脈相承《けつみゃくそうじょう》」が根本、と主張する。しかしこれは、仏法とは無縁《むえん》のまったくの邪義《じゃぎ》。御書《ごしょ》を読めば、血脈とは万人に開かれたものであり、法主が独占するものではないことは明白だ。日顕は〝信心の血脈〟をないがしろにし、浅ましい名誉欲、権力欲に狂《くる》い、相承を詐称《さしょう》した。ここでは、日顕が猊座《げいざ》（＝法主の座）を乗っ取った1979年（昭和54年）7月22日を、詳しく振り返る。

シーン1　午前7時　密室で決まった次期法主

１９７９年（昭和54年）７月22日の午前３時頃、宗内に急報が駆けめぐった。「日達《にったつ》法主危篤《きとく》」――当時、総監《そうかん》で、常泉寺《じょうせんじ》（東京・墨田区）住職だった日顕も、知らせを受け、富士宮へと向かった。

数時間後の早朝５時５分、日達法主は逝去《せいきょ》。遺体《いたい》は、６時半過ぎに、病院から大石寺（宗門の総本山）の大奥対面所《おおおくたいめんじょ》に戻った。

同じ頃、大石寺に到着していた日顕は、午前7時15分から予定されていた枕経《まくらきょう》を前に、大奥の西奥番室《おくばんしつ》に立ち寄り、日達法主の遺族、故・菅野慈雲《すがのじうん》（＝日龍《にちりゅう》）らと面談した。その時の情景が、憂宗護法《ゆうしゅうごほう》同盟発刊の「法主詐称《さしょう》」に詳しく描写《びょうしゃ》されている。

日顕　あと（相承《そうじょう》）のこと、君たち聞いてるか？

菅野　いやぁ、それは、総監さん（＝日顕）じゃないですぅ？

日顕　あっ、そうか…あぁ、そうだったな――。

日顕は、考え込むように、ゆっくりうなずいたという。

相承のことは、遺族も知らない。日達法主の娘婿《むすめむこ》で側近《そっきん》だった菅野も、どうやら何も聞いていない。つまり、日達法主は誰にも相承せずに逝去した——日顕は、そう確信した。以前から日達法主に取り入り、法主の座をつけ狙ってきた日顕にとって、願ってもないチャンスがめぐってきたのだ。

枕経の導師は、日顕。

日達法主を悼《いた》む厳粛《げんしゅく》な場で、日顕が考えていたことは、師の冥福《めいふく》などではなかった。どうすれば自分が法主になれるか。いつ相承を受けたことにするか。発表のタイミングはどうするか。ライバルを封じるためどう手を打つか。これから始まる一世一代の大陰謀《いんぼう》"猊座奪取《げいざ》"のシナリオ作りに、日顕の頭はフル回転していたのである。

シーン2

午前11時10分　ライバル早瀬日慈《にちじ》を騙《だま》し討《う》ち

枕経の後、午前8時から9時の間、まず日顕は、当時、宗内の最大派閥《はばつ》だった「妙観会《みょうかんかい》」の実力派・菅野慈雲と2人だけで約30分間にわたり密談《みつだん》する。その直後に菅野は、弔問《ちょうもん》に来た学会の幹部に「次の次は私と聞いております」と、意味深な言葉を漏《も》らしている。

何らかの〝条件〟と引き換えに、日顕は、まんまと菅野を籠絡《ろうらく》したのである。

日顕にとって厄介《やっかい》な人物は、もう一人いた。

当時、日顕の僧階《そうかい》（僧侶の位）は「大僧都《だいそうず》」。法主候補となる「能化《のうけ》」より一つ下の位だった。

当時の宗門の「宗規《しゅうき》」には、こう記されている。

「法主は、必要を認めたときは、能化のうちから次期の法主を選定《せんてい》することができる。但し、緊急やむを得ない場合は、大僧都のうちから選定することもできる」（第14条第2項）

「法主がやむを得ない事由により次期法主を選定することができないときは、総監《そうかん》、重役及び能化が協議して、第2項に準じて次期法主を選定する」（同条第3項）

当時、3人いた能化の中で、次期法主最有力と目《もく》されていたのが早瀬日慈、現法主・日如《にちにょ》の父親

日達法主の枕経。この間にも、日顕は謀略を練っていた

であった。

早瀬日慈は、法臘《ほうろう》（出家してからの年数）57年、総監、教学部長、庶務部長などの役職を歴任し、宗内の大派閥「法器会《ほうきかい》」の中心者だった。

〝次は早瀬〟――これが宗内の大方の声で、早瀬自身も、そう自認《じにん》していた。

日顕は、〝本命〟早瀬を追い落とすため、先手を打つ。

午前11時10分、日顕は「緊急重役会議」を招集した。

「重役会議」とは、宗門の責任役員会のことで、本来の出席者は、管長（＝法主）、総監、重役の3人。

ところが日顕は、この会議に、総監・日顕、すなわち自分と重役の椎名法英《しいなほうえい》（＝日澄《にっちょう》）に加え、能化から早瀬日慈を召喚《しょうかん》する。

そして、この席上、自《みず》ら描いた筋書《すじが》き通り、大ウソを放言《ほうげん》する。

「実は昨年4月15日、総本山大奥において猊下《げいか》（＝日達《にったつ》法主）と、自分と、二人きりの場において、猊下より自分に対し内々に、御相承《そうじょう》の儀に関するお言葉があり、これについての甚深《じんじん》の御法門の御指南《ごしなん》を賜《たまわ》った」

先手を取られた早瀬は、何も言い返すことができなかった。

日顕は、なぜ早瀬を会議に呼んだのか。それは、この重役会議に能化を加えることで、法主選定会議の意味合いを持たせ、〝自分が法主になることを早瀬も了承した〟という既《き》成事実《せいじじつ》を作り上げるためだった。

現に、この後、法主就任が発表される仮通夜《かりつや》では、〝重役会議には早瀬日慈も参加し……〟などと、早瀬も了解済みであることが強調されていた。

地団駄《じだんだ》踏んで悔《くや》しがった早瀬は、仮通夜に顔だけ出した後、すぐさま東京に帰っている。

後日、日顕は、周囲にこう漏《も》らしている。

「もしかしたら早瀬日慈さんあたりが（相承を）受けているのではないかとも思ったが、しばらく待っていても（早瀬が）何も言い出さないので、自分から言い出して登座したんだ」

こうして日顕は、最大のライバル・早瀬日慈の封じ込めに成功する。

シーン３　午後８時５分　通夜の席で盗《ぬす》み取った67世

宗内に何の後ろ盾《だて》もない日顕が、二大派閥の領袖《りょうしゅう》、菅野と早瀬を押さえた。これで邪魔《じゃま》者《もの》はいない。

日達法主逝去《せいきょ》の裏で、日顕は、権力を握るため、謀略《ぼうりゃく》をめぐらして、永田町顔負けの懐柔《かいじゅう》工作、追い落としを断行していたのである。

午後7時、大客殿で日達法主の仮通夜《かりつや》の儀式が始まった。読経後の8時5分頃、葬儀委員長の椎名法英《しいなほうえい》があいさつに立ち、こう宣言した。

〝阿部総監（＝日顕）より、昨年4月15日に、日達法主から内々に相承《そうじょう》があったと重大発表があった〟〝それにより、67世・法主に阿部総監が就任する〟

ウソと謀略によって、〝ニセ法主〟が誕生した瞬間《しゅんかん》である。

椎名重役あいさつ

〔七月二十二日
日達上人猊下御密葬御通夜の砌り（一日目）〕

会議が開催せられ、阿部総監様、私、椎名重役、それに能化であられる観妙院様にも特に御出席を頂き、この度の日達上人猊下御遷化にともなう緊急の協議が行われました。

会議では、阿部総監様が臨時議長となられ、冒頭阿部総監様より、御相承に関する重大なる御発表がありました。

その内容は、今日までどなたにも秘してきたが、実は昨年四月十五日、総本山大奥において猊下と、自分と、二人きりの場において、猊下より自分に対し内々に、御相承の儀に関するお言葉があり、これについての甚深の御法門の御指南を賜ったことを御披露する、との旨の、重大なる御発言がなされたのであります。

仮通夜の席上、椎名法英から、日顕が67世法主になったことが発表された（「大日蓮」1979年〈昭和54年〉9月号）

シーン4

深夜、〝盗座《とうざ》〟後に「日号《にちごう》」を改変《かいへん》

日顕の〝ニセ相承《そうじょう》〟を物語るエピソードが、日号《にちごう》改変事件だ。

翌7月23日には、法主が替《か》わったことを新聞で告知しなければならない。ここで日顕は、信じがたい行動に出る。

宗門では、坊主が袈裟免許《けさめんきょ》を受ける際、師匠から「日号」の呼び名をもらう。「日号」は、能化《のうけ》になって初めて名乗ることが許される。

これまで「阿部信雄《しんのう》」だった日顕も、法主になることで、ようやく日号が名乗れる。ところが、日顕のもともとの日号は「日慈」。法主最有力と言われた早瀬日慈と、まったく同じ名称だったのだ。

日顕は、これが気に入らなかった。

そして、まもなく日付が変わろうかという深夜、宗門から学会側に連絡が入った。「日号は『日顕』です。父親が『日開《にちかい》』なので、ご自分は『日顕』にしました」

何と、師匠からもらい受けた日号をあっさりと捨て、父と合わせて「開顕《かいけん》」などという安直な語呂《ごろ》合わせで、勝手に改名したのである。

仏法は、師弟関係を何より重んじる。ところが日顕は、師匠をないがしろにし、日号を平然と捨て去った。

なんたる傲慢無礼《ごうまんぶれい》。日顕の「顕」の字は、まさに自己顕示欲《じこけんじよく》の象徴なのだ。

そもそも、1年前に相承を受けたというならば、その時点で、日号が早瀬と同じであることぐらい、わかりきっていたはずである。

今さら慌《あわ》てること自体、日顕の相承がウソという何よりの証拠といってよい。

あまりに急な改名に、一般紙の中には、「阿部日慈」と報じたところもあった。

誰が見ても不自然な法主交替劇《こうたいげき》、あまりに不透明《ふとうめい》な相承。多くの坊主が、日顕に対して疑念《ぎねん》を覚えた。

日顕登座から2週間後の8月5日、法主として初めての目通《めどお》りに臨んだ日顕は、居並ぶ坊主を前に、第一声、こう言い放った。

「ワシの血脈のことでガタガタ言っているようだが、じゃあ、ほかに相承を受けた者がいるのか。いたら手を挙げてみろ！」

誰もが唖然《あぜん》とした。よりによって、広宣流布《こうせんるふ》への展望を語る〝所信表明《しょしんひょうめい》〟の場で、開口一番、自《みず》らのニセ相承疑惑に関して恫喝《どうかつ》するという、醜態《しゅうたい》をさらしたのである。

相承が事実なら、淡々《たんたん》と皆が納得するまで経過を説明すればいいだけのこ

静岡新聞

細井日達上人が死去

後任に阿部日慈師

日達法主の逝去を報じる「静岡新聞」1979年（昭和54年）7月23日付の早版。見出しには「阿部日慈」と書かれている

とである。それもできずに逆上するとは、日顕の後ろめたさ、自信のなさが如実に顕れている。

ニセ相承問題は、やがて宗内を二分する大騒動へと発展《はってん》する。そして、日顕の謀略は次々と暴かれ、「昭和53年4月15日」相承の作り話も、完全に破たんするのである。

破たんした「昭和53年4月15日」の作り話

日達《にったつ》法主の急逝に乗じて、ウソと謀略《ぼうりゃく》で67世・法主の座を盗《ぬす》み取った日顕は、〝昭和53年4月15日に本山の大奥で相承《そうじょう》を受けた〟と主張する。ところが、日達法主のスケジュールを見れば、この日、相承の時間などないことは一目瞭然《いちもくりょうぜん》。何一つ証拠もなければ、誰《だれ》一人証人もいない。日顕の血脈相承は、まったくの作り話だった。

◇

問題の１９７８年（昭和53年）４月15日は、日達法主の76歳の誕生日であった。当日の記録日誌や証言によると、日達法主のスケジュールはこうだ。

午前０時　大客殿《だいきゃくでん》にて、丑寅《うしとら》勤行の導師《どうし》を務《つと》める。１時30分頃に終了した後、大奥《おおおく》に

6時30分　戻り就寝《しゅうしん》。
7時　起床《きしょう》。その後、御影堂《みえいどう》に徒歩で移動する。
8時　御影堂で、日目上人《にちもくしょうにん》の法要《ほうよう》の導師を務める。
9時30分　大坊《だいぼう》で、本山の住職から誕生祝いを受ける。その後、大奥へ戻り、朝食。
10時　誕生日の祝賀に訪れた3人の坊主が大奥で目通りする。
11時　原田篤道《とくどう》（静岡・遠信寺）が婚約者と双方の両親らを連れて、結婚《けっこん》の挨拶《あいさつ》に来る。
　東京都文京区西片《にしかた》にある大石寺出張所に移動するため、本山を後にする。午後は、同出張所に滞在。
午後6時　東京都内のホテルで、誕生祝賀パーティーに出席。
9時　本山には戻らず、西片の出張所で就寝。

――ご覧の通り、当日の記録に日顕の名前はない。さらに、日達法主が本山にいたのは午前中だけで、日顕に相承《そうじょう》する時間的余裕などまったくないことも明らかだ。

　一体、この慌《あわ》ただしいスケジュールの中、「何時から」「大奥のどの部屋で」「どのようにして」相承が行われたというのか。

　当初は、相承のことを〝自分の日記に書いた〟などと嘯《うそぶ》いていた日顕だが、その「日記」すらいまだに出てこない。

日蓮大聖人は、虚偽《きょぎ》を弄《ろう》する邪僧《じゃそう》に対して、「何《いず》れの月・何れの日・何れの夜の何れの時に」（報恩抄、319ページ）と、具体的にいつなのか明確にせよ、と厳しく糾弾《きゅうだん》されている。

日顕の場合、日時も場所も何から何まで不明確である。

日達《にったつ》法主「阿部は信用できない」

そもそも日達法主が、日顕を後継者《こうけいしゃ》に選《えら》ぶはずがないと断言する僧侶も多数いる。

実際に、日達法主は、1978年（昭和53年）頃、「阿部（日顕）はダメだ」「阿部は信用できない」と、周囲に漏《も》らしている。

相承《そうじょう》が済んでいるはずの同年夏にも、「跡《あと》がいないんだよ、跡が……」と、近しい者に、後継者がいないことを嘆《なげ》いていた。

一方の日顕も、日達法主への反逆心《はんぎゃくしん》を露《あらわ》にしていたことが明らかになっている。

日顕の盟友《めいゆう》だった河辺慈篤《かわべじとく》のメモによれば、相承があったという日から約2カ月前にあたる78年2月7日、日顕は、「G（＝猊下つまり日達法主）は話にならない」と語っていたことが明記されている。

さらに、〝相承の日〟のわずか1カ月半後には、末寺住職に対して「ワシも日達法主に対抗して、仲間を募《つの》ってやろうかと思ったが、宗内を二分してしまう。こういう時は何もしない方がいい」と言い放った。

日達法主の発言にしろ、日顕の発言にしろ、相承を終えていたならば、出るはずのない言葉である。

側近《そっきん》・光久《みつひさ》「あの日は忙《いそが》しかった」

さらに決定的なのは、日達法主《にったつほっす》の側近だった光久日康《にちこう》（東京・妙縁寺）が、日顕に対して〝4月15日にしていいのか〟と忠告していた事実だ。

「4月15日にしていいのですか、あの日は達師《たっし》（＝日達法主）が忙しい日だが」（1986年〈昭和61年〉10月4日付の河辺メモ）

光久といえば、当時の日達法主の仲居《なかい》（身の回りの世話役）で、当日の動きを誰よりも把握《はあく》していた人物である。この側近中の側近、光久の発言は重大である。

また、1979年（昭和54年）7月22日、日顕の登座を発表した故・椎名日澄《しいな》（当時、重役）は、81年（昭和56年）頃、周囲にこう漏《も》らしている。

「猊下《げいか》（日顕）も大変だねえ。ただ自分がそう言うだけで、相承《そうじょう》を受けたという証拠が何もないんだから」

日顕登座の内幕を知る椎名自身が、〝相承の証拠がない〟と認めているのだ。

釈明不能《しゃくめいふのう》に陥《おちい》った宗門は、登座から23年も経った２００２年（平成14年）に、突如、楠《くす》美慈調《みじちょう》（現、本山・本住坊）という坊主を登場させ、〝昭和53年4月15日、大講堂3階から、日顕が内事部に入るのを目撃した〟などと主張させた。

ところが、大講堂の3階から内事部は距離がある。楠美は近視であったにもかかわらず、普段メガネもかけないことから、ウソがすぐに露見《ろけん》した。

そもそも、23年も経ってからノコノコと出てくること自体、あまりに不自然である。宗門から分派した正信会に起こされた裁判では、日顕自身の相承問題が争点になっていたはずである。どうしてその時、証人として出てこなかったのか。

23年ぶりに出た楠美の〝目撃談〟により、日顕の相承疑惑はますます深まったのである。

司法の場でも証明できず

日顕の相承《そうじょう》が、いかにいい加減か。日達《にったつ》法主の時と比較してみよう。

65世・日淳《にちじゅん》法主から66世・日達法主への相承の模様は、まず宗門の公式文書「院達《いんたつ》」で宗内に通達され、機関誌「大日蓮」（1959年〈昭和34年〉12月号）には、儀式の詳しい時間帯や、隣室《りんしつ》で待機《たいき》していた警備役の坊主の名前、さらには、本山から「相承箱」が東京に運び出されたことまで、事細《ことこま》かに公表されている。

それに比べて、日顕の相承は、何一つ記録がなく、あるのは〝日達法主と二人きりの場で相承された〟という日顕の自己申告のみである。

この、日淳法主から日達法主への相承の際、儀式の記録

院第六一七号

昭和三十四年十一月十七日

全国寺院教会住職主管殿

日蓮正宗宗務院㊞

日蓮正宗管長総本山第六十五世日淳上人におかれては、十一月十五日常在寺住職細井日達師に総本山第六十六世を譲られ、十六日午前零時十分より一時三十分にわたって御相承ありて後十七日午前五時五十分御遷化なされました。

「日淳法主→日達法主」の相承を伝える「院達」。相承の時間帯まで明示されている

65世・日淳法主

66世・日達法主

係を務《つと》め、わざわざ本山から「相承箱」を東京に運んだ張本人こそ、誰あろう68世を名乗る早瀬日如だった。

「相承箱」とは、代々の法主が引き継ぐ、法主であることの〝物証《ぶっしょう》〟になるものだが、日顕の代から所在不明、日如の手元にもないと言われている。いずれにせよ、日達法主への相承と比べ、日顕の相承がいかにインチキか、誰よりも身にしみてわかっているのが日如なのである。

相承なき〝ニセ法主〟日顕の後を継いだ日如も、所詮《しょせん》は偽者《にせもの》。

現に、最近、宗門側から起こした裁判でも、「早瀬日如が原告の代表者として本件訴訟《そしょう》提起を遂行《すいこう》し得る資格を有《ゆう》するか否《いな》かについて審理、判断することができないから、本件訴えは不適法《ふてきほう》といわざるを得ない」（東京地裁、2009年〈平成21年〉12月18日）と、宗門側の訴えが却下《きゃっか》された。

つまり、日顕への相承が証明できない故に、その次の日如が起こした裁判も、裁判所から〝門前払い〟にあったのだ。

「日顕は除歴《じょれき》しなきゃならん」

日顕のウソや作り話は、ことごとく破たんした。

「昭和53年4月15日」も大ウソだった。

かつて、日顕の裏の裏まで知り尽くした河辺《かわべ》は、こう宣告した。

「アレ（日顕）は除歴しなきゃならん。67世はいないんだ！」（1992年〈平成4年〉）

除歴に怯《おび》える日顕――。

大聖人が、「妄語《もうご》とてそらごとせる者・此の地獄《じごく》（＝大叫喚《きょうかん》地獄）に堕《お》つべし」（顕謗法抄、445ページ）と仰《おお》せの通り、堕《だ》地獄必定《ひつじょう》の哀《あわ》れな末路《まつろ》である。

❸先師に反逆《はんぎゃく》・不知恩《ふちおん》の大罪

――日顕の醜《みにく》い嫉妬《しっと》と怨念《おんねん》

御聖訓

師子の中の虫・師子をくらう、仏教をば外道《げどう》はやぶりがたし内道の内に事いできたりて仏道を失うべし仏の遺言《ゆいごん》なり

（法門申さるべき様の事、１２７１ページ）

日蓮大聖人は、徹頭徹尾《てっとうてつび》、師弟の重要性を説かれている。師弟こそが仏法の真髄《しんずい》なのである。ところが、口先では、師弟の筋目を説きながら、自分自身は先師に真っ向から背《そむ》き、貶《おとし》め、ついには、その事績《じせき》をことごとく宗内から葬《ほうむ》り去《さ》ったのが、阿部日顕だ。

恩知らずは畜生《ちくしょう》以下

大聖人は、「仏弟子は必ず四恩《しおん》をしつて知恩《ちおん》報恩をいたすべし」（開目抄、192ページ）とも仰《おお》せである。仏法者ならば、恩を知り、恩に報《むく》いることが肝要《かんよう》であるとの御教示《ごきょうじ》だ。

さらに、大聖人は、恩知らずについて、こう仰《おお》せである。

「不知恩《ふちおん》の人なれば無間地獄《むけんじごく》に堕《お》ち給《たま》うべし」（清澄寺大衆中、895ページ）

「世に四恩あり之《これ》を知るを人倫《じんりん》となづけ知らざるを畜生《ちくしょう》とす」（聖愚問答抄、491ページ）

恩知らずは、地獄に堕ちる。恩を知ってこそ人間であり、それがわからない者は畜生と断じておられるのだ。

日顕自身も、こう語っている。

「大聖人様の尊い教えはすべて、『報恩』ということが基本（中略）常に報恩ということが根本になって即身成仏《そくしんじょうぶつ》の大法が存在する」（1992年〈平成4年〉9月26日）

「僧は特に、報恩をもって事といたします」（93年〈平成5年〉4月27日）

しかし、人前では、もっともらしく報恩を説く日顕だが、その本性は、恩知らずそのもの。

日顕は、先師の言葉を否定し、その事績《じせき》を次々と破壊《はかい》した。

日興《にっこう》上人の訓誡《くんかい》も無視《むし》

日顕による、不知恩《ふちおん》、先師反逆《はんぎゃく》の具体例を、以下に記す。

〈歴代法主《ほっす》が賛嘆《さんたん》した学会に怨嫉〉

歴代法主は、創価学会をこう評していた。

「学会は素晴らしい広宣流布《こうせんるふ》の団体だ。それに比べれば、宗門や檀家《だんか》は足元《あしもと》にも及ばない。学会を尊敬《そんけい》しなければいけない」（59世・日亭《にちこう》法主）

「学会の活躍は、宗門史上、未曾有《みぞう》の事《こと》で、万一、学会の出現《しゅつげん》なき時は、宗門はほとんど衰頽《すいたい》の期のところ、御仏の御利益により、戸田氏統率《とうそつ》の学会が出現し、広宣流布の大願に邁進《まいしん》、日夜、止暇断眠《しかだんみん》、折伏の妙行に精進《しょうじん》され、為宗《いしゅう》（＝宗門にとって）同慶《どうけい》の次第です」（64世・日昇《にっしょう》法主）。「学会のおかげで大法は清浄に今日までまいりました。本宗は学会の大恩を永久に忘れてはなりません」（65世・日淳《にちじゅん》法主）。「今正《まさ》に正宗は学会の出現《しゅつげん》において、その利益《りやく》は末法万年尽未来際《まっぽうまんねんじんみらいさい》であります」（66世・日達《にったつ》法主）。

広宣流布のためひたむきに邁進《まいしん》する学会を、歴代法主は、最大限に敬い、称《たた》えていたのだ。

〝学会への恩を断じて忘れるな〟――これが、歴代法主の一致した見解だった。

もし、師弟を重んじ、歴代法主を先師と仰《あお》いでいたならば、学会を切るような恩知らずの愚行《ぐこう》など、思いつくはずもあるまい。

所詮《しょせん》、日顕にとって広宣流布などどうでもよかったわけで、この男に、師弟の精神など微塵《みじん》もないことは明白である。

あるのは、ただ「法主だから尊敬されたい」「信徒を自分に従わせたい」という、幼稚《ようち》な支配欲《しはいよく》だけ。

なんと浅はかでレベルの低い男だろうか。

宗門の歴代法主は学会を最大に称賛《しょうさん》

59世　**日亨法主**　**「宗門や檀家《だんか》は足元《あしもと》にも及ばない」**

64世　**日昇法主**　**「活躍は、宗門史上、未曾有《みぞう》の事《こと》」**

65世　**日淳法主**　**「大恩を永久に忘れてはならない」**

66世　**日達法主**　**「その利益《りやく》は末法万年尽未来際《まっぽうまんねんじんみらいさい》」**

〈狂気の正本堂破壊《はかい》〉

先師違背《いはい》の権化《ごんげ》と化《か》した日顕だが、とりわけ、前代の日達《にったつ》法主に対する恨《うら》みは、尋常《じんじょう》ではなかった。

その理由は、単純明快《たんじゅんめいかい》だ。側近《そっきん》の河辺慈篤《かわべじとく》に「G（＝猊下《げいか》、日達法主）は話にならない」と愚癡《ぐち》を漏《も》らしていた通り、自分に相承《そうじょう》してくれない、自分を認めてくれない日達法主が、よほど恨めしかったのだろう。日顕は、日達法主の逝去《せいきょ》後《ご》、猊座《げいざ》を盗《ぬす》み取るやいなや、日達法主が、生前に残した事績《じせき》を、見るも無残《むざん》に、破壊し尽くしたのである。

●１９８７年（昭和62年）　日達法主時代に作られた「六壺《むつぼ》」を破壊。
●89年（平成元年）　日帰り登山者の休憩所《きゅうけいじょ》として学会の寄進《きしん》で建てられた「大化城《だいけじょう》」を破壊。
●92年（平成４年）　日達法主が賛嘆していた総坊前の桜の木、数百本をことごとく伐採《ばっさい》。
●95年（平成７年）　「天界の大厨子《ずし》なり」と、日達法主が称《たた》えた「大客殿《だいきゃくでん》」を破壊。
●98年（平成10年）　信徒８００万人の真心の供養によって建立《こんりゅう》された「正本堂《しょうほんどう》」を破壊。

この正本堂は、日達法主が、「一期弘法付嘱書《いちごぐほうふぞくしょ》並びに三大秘法抄《さんだいひほうしょう》の意義を含む現時における事《じ》の戒壇《かいだん》なり。即《すなわ》ち正本堂は広宣流布の暁《あかつき》に本門寺の戒壇たるべき大殿堂《でんどう》なり」（1972年〈昭和47年〉4月28日、訓諭《くんゆ》）と意義付けた通り、「本門の戒壇」たる広宣流布の大殿堂であった。

また、専門家が「耐用《たいよう》年数一千年」と、お墨付《すみつ》きを与えるほどの歴史的建造物でもあった。ところが、その正本堂を、日顕は〝鉄筋《てっきん》が腐食《ふしょく》した〟〝モルタルが崩落《ほうらく》した〟などとウソを言わせて、わずか26年で解体したのである。

日興上人は、「大石寺は御堂《みどう》と云い墓所《ぼしょ》と云い日目之《にちもくこ》れを管領《かんりょう》し、修理を加え勤行を致し広宣流布を待つべきなり」（日興跡条条事《にっこうあとじょうじょうのこと》）と、示されている。

日目上人以下、代々の法主は、大石寺の建物や墓所を管理し、必要があれば修理し、守っていくべきである。

これが日興上人の厳命《げんめい》だった。

この誡《いまし》めに則《のっと》って、日達法主も、「大客殿」が完成した時に、「これよりは修理を加へ勤行を致し謗法の魔縁《まえん》を退《しりぞ》けて広宣流布を迎えんことを誓ふ」と述べていた。

ところが日顕は、修理どころか、すべて破壊した。魔縁を退けるどころか、自《みずか》ら「悪鬼《あっき》入其身《にゅうごしん》」の〝天魔《てんま》〟と成り下がったのである。

日興上人の訓誡を平然と踏《ふ》みにじって強行された「大客殿」「正本堂」の破壊は、仏法史上、最悪の破壊事件といってよい。

破壊《はかい》法主は「師子身中《しししんちゅう》の虫」

大聖人御在世《ございせ》の鎌倉時代に隆盛《りゅうせい》を誇《ほこ》っていた天台宗。

しかし、開祖《かいそ》の伝教大師《でんぎょうだいし》から数えて3代目の座主《ざす》「慈覚《じかく》」や5代目の「智証《ちしょう》」などは、師・伝教が、「法華経第一」と伝持《でんじ》したにもかかわらず、その教えを

日顕の醜い嫉妬によって、大客殿も破壊された（1995年〈平成7年〉）

ねじ曲げ、真言《しんごん》の教えに傾倒《けいとう》していった。

こともあろうに、祈祷《きとう》が流行《りゅうこう》した当時の風潮《ふうちょう》に迎合《げいごう》し、天台宗の〝密教化《みっきょうか》〟を押し進めたのである。

「天台座主すでに真言の座主にうつりぬ名と所領《しょりょう》とは天台山其《そ》の主《ぬし》は真言師なり」（報恩抄、308ページ）

座主の堕落《だらく》で、天台宗の比叡山《ひえいざん》は、謗法《ほうぼう》の山と化した。

大聖人は、慈覚、智証らをはじめ、師に背《そむ》いた座主を、こう喝破《かっぱ》されている。

「天台宗の慈覚・安然《あんねん》・慧心《えしん》等は法華経・伝教大師の師子の身の中の三虫なり」（撰時抄、286ページ）

仏法の内側に巣食《すく》った「師子《しし》身中《しんちゅう》の虫」である、と。

そして、「師子の中の虫・師子をくらう、仏教をば外道はやぶりがたし内道の内に事いできたりて仏道を失うべし仏の遺言《ゆいごん》なり」（法門申さるべき様の事、1271ページ）と仰《おお》せのように、仏法を破る勢力は、外からではなく、必ず内部から現れると御教示されている。

御書《ごしょ》にある通り、広宣流布の闘争《とうそう》を貫《つらぬ》いた学会には、日顕という極悪の座主（法主）と、日顕宗が現れた。

大石寺は、今や広布破壊、仏法破壊の邪宗門・日顕宗の巣窟《そうくつ》と化したのである。

❹ 三大秘法破壊《さんだいひほうはかい》の大罪
――大御本尊を偽物《にせもの》呼ばわり

御聖訓

此《こ》の仏は涅槃経《ねはんきょう》に出す所の滅後《めつご》の魔仏《まぶつ》なり之《これ》を信用す可《べ》からず

（守護国家論、76ページ）

阿部日顕が犯した謗法《ほうぼう》の中でも重大なのが〝大御本尊偽物《にせもの》発言〟だ。日顕は、法主《ほっす》になる前年の教学部長時代、「本門の本尊」である戒壇《かいだん》の大御本尊を「偽物」と断定。登座後は、「本門の題目」を否定し、ついには「本門の戒壇」である正本堂をも破壊した。ここでは、法主《ほっす》による「三大秘法破壊の大罪」を糾弾《きゅうだん》する。

克明《こくめい》に残された発言記録

「三大秘法《さんだいひほう》」とは、仏法において、教義の根本、骨格《こっかく》となる法門である。

御書《ごしょ》に、「日蓮《にちれん》がたましひ《魂》をすみ《墨》にそめながして・かきて候《そうろう》ぞ」（経王殿御返事、1124ページ）とある通り、末法の御本仏である日蓮大聖人の魂魄《こんぱく》、〝生命〟そのものを曼荼羅《まんだら》に書き顕されたのが「本門の本尊」であり、その御本尊を御安置《ごあんち》するところを「本門の戒《かい》壇《だん》」という。そして「本門の本尊」を信じて唱える題目が「本門の題目」である。

大聖人の直系《ちょっけい》と称《しょう》するならば、こうした信心の基本を正しく伝えていく責務がある。

しかし日顕は、法主《ほっす》の身でありながら御本尊も題目の功徳もまったく信じていない。

なんと日顕は、教学部長時代に、「本門の本尊」である戒壇の大御本尊を勝手に筆跡《ひっせき》鑑定にかけた揚《あ》げ句《く》、〝偽物〟と断定した。

宗門700年の歴史上、「本門の本尊」を偽物と決めつけた法主などいない。世界の宗教史を見ても、法主が、自分の宗派の〝信仰の根本〟を否定するなど前代未聞《ぜんだいみもん》である。

この重大事実は、1999年（平成11年）7月7日、日顕の腹心《ふくしん》だった故・河辺慈篤《かわべじとく》の直筆《じきひつ》メモが公表されたことで、知れわたった。

メモには、78年（昭和53年）２月７日、河辺と日顕が、都内のホテルで面談した際の、日顕の発言が克明《こくめい》に記されていた。

「一、戒旦《かいだん》之《の》御本尊之件

戒旦の御本尊のは偽物である。

種々方法の筆跡鑑定の結果解《わか》った。（字画《じかく》判定）

多分は法道院《ほうどういん》から奉納《ほうのう》した日禅《にちぜん》授与の本尊の題目と花押《かおう》を模写《もしゃ》し、その他は時師《じし》か有師《うし》の頃の筆だ。

日禅授与の本尊に模写の形跡《けいせき》が残っている」

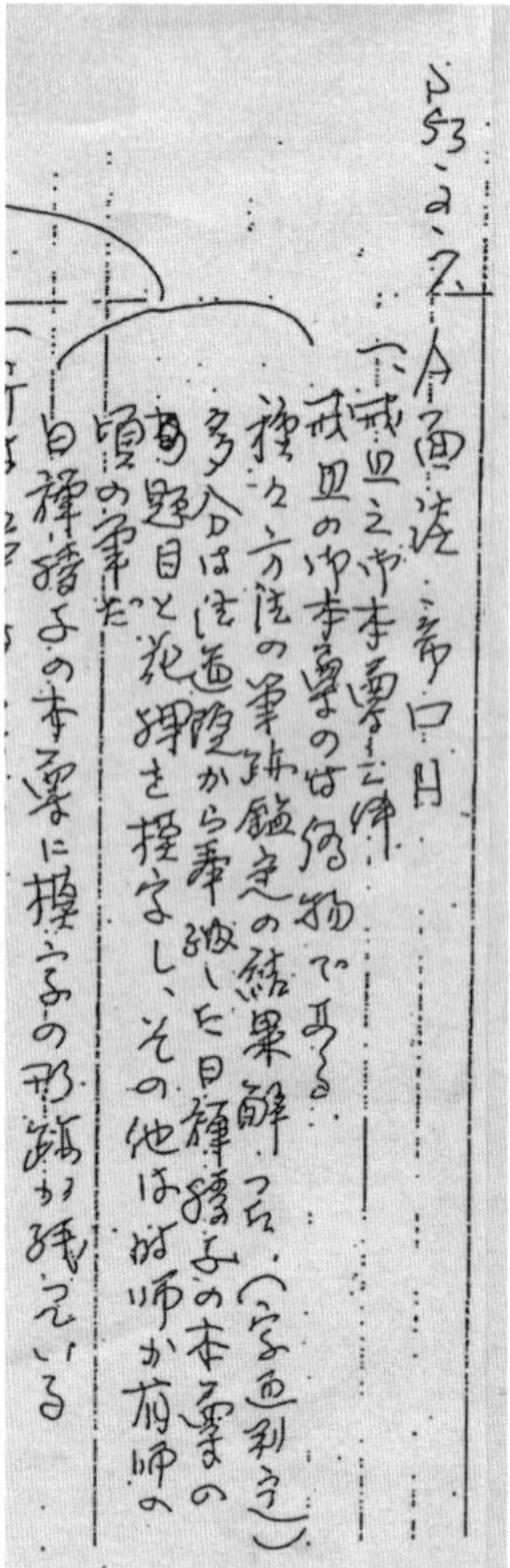
一、戒旦之御本尊之件
戒旦の御本尊のは偽物である。
種々方法の筆跡鑑定の結果解った。（字画判定）
多分は法道院から奉納した日禅授与の本尊の題目と花押を模写し、その他は時師か有師の頃の筆だ
日禅授与の本尊に模写の形跡が残っている

日顕が、戒壇の御本尊を“偽物”と断定した明確な証拠「河辺メモ」

つまり、大御本尊は偽物で、日禅（日興上人が選んだ6人の高僧の中の1人）授与の本尊を模写したものだというのである。

河辺《かわべ》に全責任をなすりつけ

河辺メモの発覚で慌《あわ》てたのが、当の日顕だ。

2日後の7月9日、日顕は、言い訳の「通達」を宗内にばら撒《ま》いた。

その中で、河辺メモの内容は、面談当時にあった「外部からの『戒壇《かいだん》の大御本尊』に対する疑難《ぎなん》」への説明である、と言い張った。

ところがこれは、すぐにウソと判明。

なぜならば、当時〝大御本尊が、日禅授与の本尊を模写《もしゃ》した偽物《にせもの》〟などという外部からの疑難は、存在しなかったからだ。

そもそも、大御本尊と日禅授与の御本尊を「字画《じかく》判定」できる人物など、外部はおろか宗内にもそういない。

当時、教学部長という要職《ようしょく》にあり、御本尊鑑定の〝専門家〟を自称していた日顕の発言であることは明らかだ。

事実、かつて日顕は、周囲に〝日禅授与本尊〟のカラー写真を見せて、「素晴らしいだろう！」などと自慢していたこともある。

苦《くる》し紛《まぎ》れに、翌日も「通達」を出したが、これが噴飯《ふんぱん》もの。

「河辺慈篤《じとく》師からのお詫《わ》びと証言」と題するその文書では、まず、河辺メモについて、「今後宗内から生じるかもしれない疑難」に対しての説明である、と釈明《しゃくめい》した。

「〝当時あった〟疑難への説明」という、前日の主張と、まったく正反対。

そして最後には、メモ自体、河辺が自分の主観で書いた「記録ミス」であるとして、謝罪させた。

つまり、すべての責任を河辺になすりつけたのだ。

これも、とんだ茶番《ちゃばん》である。

仮に「記録ミス」だとしても、事《こと》は宗旨《しゅうし》の根本である大御本尊の真偽《しんぎ》に関わる問題で、一言詫《わ》びて済む話ではない。これだけ宗内に混乱を招いたのだから重い処分が科せられてしかるべき。

ところが、わずか2カ月後、河辺は、処分どころか、札幌・日正寺《にっしょうじ》から都心の大寺院である新宿・大願寺《だいがんじ》に〝栄転《えいてん》〟した。これはもう、メモの責任を負った引き換えに破格の待遇《たいぐう》を得たと見る以外にあるまい。

いずれにしても、日顕は、御本尊を単なる「物」としか見ていない。

日顕の不信心を象徴するこんな逸話《いつわ》もある。

広妙寺《こうみょうじ》（東京・八王子）の平山広篤《こうとく》が、日顕に「信心してきて一番、苦しんだことは何か」と質問した際、日顕はこう答えた。

「なかなか御本尊を信ずることができなかったことだ。今でも、本当に信ずることができないでいる」

これが、信心なきニセ法主・日顕の情けない正体なのだ。

念仏まがいの邪義《じゃぎ》を吹聴《ふいちょう》

御本尊を軽視《けいし》している日顕に、題目の功徳が理解できるはずもない。日顕はこれまで、「本門の題目」を否定する暴言を幾度《いくど》となく口にしてきた。
「自分勝手な意味で修行をするということは、たいへんよろしくありません。お題目を唱えることによって、むしろ罪障《ざいしょう》を積んでいる」（1984年〈昭和59年〉8月、行学講習会）
「（題目を）30分ぐらい真剣に行うことはよいと思うのであります。しかし、それ以上は、多すぎることになってもかえって弊害《へいがい》があります」（同）

「お題目を唱えて、我々の仏界涌現《ぶっかいゆげん》、仏界涌現っていうんだ。これはまさしく大謗法《ほうぼう》だよ」（94年〈平成6年〉8月、全国教師講習会）

「そんな簡単にね、我々凡夫《ぼんぷ》が、仏界が現れたり悟ったりできるんだったら、末法の凡夫はみんな仏になってんだよ」（同）

「題目を唱えたからといって、直《ただ》ちに九識《くしき》の境界を得ることができたなどということは、おそらくない」（２００４年〈平成16年〉８月、夏期講習会）

出家して80年以上、この男は一体、何を学んできたのか。

題目を唱えることで、仏界の生命は直ちに涌現する。この「九界即仏界」「即身成仏《そくしんじょうぶつ》」を説くのが仏法ではないか。

そんな基本中の基本すらわからないから、〝寺に迷惑をかけると題目を唱えても罪業《ざいごう》を積む〟〝題目を唱えすぎると弊害がある〟などという妄説《もうせつ》が出るのだ。

大石寺で丑寅《うしとら》勤行をしている時も、仏界を涌現するどころか、居眠《いねむ》りした坊主の頭を数珠《じゅず》でひっぱたいたり、ひざ蹴《げ》りを入れたりと、異常極まる行動に出た阿部日顕。

一切衆生の幸福を真剣に祈り、願う場で、おぞましい修羅《しゅら》の生命を現じているのだから、こんな男に、大聖人の末流を名乗る資格など微塵《みじん》もない。

広宣流布《こうせんるふ》を阻《はば》む「滅後《めつご》の魔仏《まぶつ》」

そして日顕は、ついに「本門の戒壇《かいだん》」をも破壊《はかい》する。

1964年（昭和39年）5月3日、本部総会の席上、池田会長（当時）が、本堂がなかった大石寺に、信心の発露《はつろ》から、正本堂の建立《こんりゅう》・寄進《きしん》計画を発表した。

その正本堂の意義について、時の日達《にったつ》法主は、こう断言した。

「今日では、戒壇の御本尊を正本堂に安置申し上げ、これを参拝《さんぱい》することが正しい」（1965年〈昭和40年〉2月16日、第1回正本堂建設委員会）

「正本堂は、一期弘法付嘱書《いちごぐほうふぞくしょ》並びに三大秘法抄《さんだいひほうしょう》の意義を含む現時における事《じ》の戒壇なり」（「訓諭《くんゆ》」、72年〈昭和47年〉4月28日付）

当時、教学部長だった日顕も、「未来の広布にのぞむ現時の本門事の戒壇」「正本堂に一期弘法抄の戒壇の意義が含まれている」と、明確にその意義を認めている。

正本堂こそ「本門の戒壇」。これが、当時の宗門の、公式にして統一《とういつ》の見解だった。

また、正本堂建立は、「国主此《こくしゅこ》の法を立てらるれば富士山に本門寺の戒壇を建立せらるべきなり」（身延相承書〈一期弘法抄〉、1600ページ）と示されている通り、大聖人の御遺《ごゆい》命《めい》でもあった。

こうして、８００万信徒による真心の供養は３５５億円にものぼり、その赤誠《せきせい》の結晶《けっしょう》として正本堂が完成したのである。

ところが日顕は、その真心を平然と踏《ふ》みにじり、98年（平成10年）６月、正本堂破壊の大暴挙に出る。

解体費用《かいたいひよう》だけで約50億円というのだから、まったく愚《おろ》かというほかない。

解体にあたり日顕は、自《みずか》らの発言をもあっさりと翻《ひるがえ》し、正本堂について〝学会が勝手に意義付けした〟などとデタラメを吹《ふい》

「本門の戒壇」である正本堂も、日顕の醜い嫉妬によって破壊された

聴《ちょう》している。

しかし、65世・日淳《にちじゅん》法主が、「今日蓮正宗で申してをる戒壇の御本尊とは、本門寺の正本堂に安置し奉《たてまつ》る御本尊である。此のことは日興上人の日目《にちもく》上人への御付嘱書で明らかである」〈55年〈昭和30年〉10月『興尊雪冤録《こうそんせつえんろく》』の妄説《もうせつ》を破《は》す」〉と、論文に正本堂のことを明記している。

66世・日達法主も、日淳法主の遺志を継いで、前述の通り、正本堂の意義を認めていたのだ。

学会が勝手に意義づけたのではない。代々の法主の悲願、構想を具現化《ぐげんか》したのが、池田会長

なのである。

御書《ごしょ》に「今日蓮等の類《たぐ》い南無妙法蓮華経と唱え奉る者の住処《じゅうしょ》は山谷曠野《こうやみな》皆寂光土《じゃっこうど》なり」（御義口伝、７８１ページ）と御教示されているように、もとより、どこか特定の場所に行くことで成仏がかなうことなどあり得ない。

大聖人の御遺命通りに、不惜身命《ふしゃくしんみょう》の実践を貫《つらぬ》く人がいる場所は、いずこであろうと寂光土であり、最高の仏道修行の道場なのである。

大聖人は、仏のような格好を見せて法華経の広宣流布を妨《さまた》げる者のことを、涅槃経《ねはんきょう》を引かれ、「滅後《めつご》の魔仏《まぶつ》なり之《これ》を信用す可《べ》からず」（守護国家論、76ページ）と、喝破《かっぱ》されている。

〝現代の大聖人〟を気取りながら、本門の本尊である大御本尊を否定し、本門の題目への信を持たず、本門の戒壇である正本堂を破壊した極悪僧・阿部日顕――この男こそ紛《まぎ》れもなく、大聖人が厳しく断じられた「滅後の魔仏」なのである。

❺宗門私物化の大罪――豪遊、豪邸、大散財

御聖訓

徒《いたず》らに遊戯《ゆげ》雑談《ぞうだん》のみして明《あか》し暮《くら》さん者は法師《ほっし》の皮《かわ》を著《き》たる畜生《ちくしょう》なり

（松野殿御返事、１３８６ページ）

温泉豪遊《おんせんごうゆう》、芸者遊興《ゆうきょう》、豪邸漁《ごうていあさ》り――出家の身でありながら、信徒の供養で私利《しり》私欲《しよく》を貪《むさぼ》ってきた阿部日顕。宗内では一族ばかりを優遇し宗門を私物化。息子・信彰《しんしょう》を次期法《ほっ》主《す》にしようと目論《もくろ》んでいる。〝法師の皮を著たる畜生〟日顕一族による「宗門私物化の大罪」を斬《き》る。

大ウソつきの強欲《ごうよく》坊主

日蓮大聖人は、「但正直《ただしょうじき》にして少欲知足《しょうよくちそく》たらん僧《そう》こそ真実《しんじつ》の僧なるべけれ」（曾谷殿御《そやどのご》返事《へんじ》、１０５６ページ）と仰《おお》せである。

「正直」、そして「少欲知足」の振《ふ》る舞《ま》いが、真の仏法者の条件であるとの誡《いまし》めだ。

１９９１年（平成３年）、宗門事件が勃発《ぼっぱつ》した当初、日顕は、宗内から同情《どうじょう》を買うべく、「流浪《るろう》の身となり粥《かゆ》をすすっても宗祖の心に報《むく》いる…」と、大勢の坊主を前に嗚咽《おえつ》してみせた。

しかし、これがとんだ〝猿芝居《さるしばい》〟だったことが、後に判明する。

というのも、この発言から1カ月も経《た》たないうちに、東京都目黒区の一等地に〝総額20億円〟の日顕の大豪邸《ごうてい》計画が発覚したのだ。

大石寺の「東京出張所」と称《しょう》しながら、設計図には、プールやトレーニングルーム、サウナ付の浴室など、宗教とは無縁《むえん》の豪華施設《しせつ》ばかり。一方、肝心《かんじん》の仏間はたった10畳。

豪奢《ごうしゃ》な建築計画が表沙汰《おもてざた》になるや、日顕は慌《あわ》てて建築を取りやめた。

また、翌92年（平成４年）３月には、神奈川県奥湯河原《おくゆがわら》で、日顕が一族郎党を引き連れて、温泉豪遊をしていた事実が判明。

〝お酒はおちょこで1、2杯だけ〟〝グラスで飲んでいたのはウーロン茶〟などと、すぐにウソとわかる言い訳を並べ、宗内外から失笑を買った。

その際、息子・信彰の女房・信子《のぶこ》に、「猊下《げいか》（日顕）に、せめて1日、静かな所で親族だけでおくつろぎいただきたいと思いまして、私達が企画したんです」などと証言させたが、これもまったくの作り話。

「せめて1日」どころか、その後、奥湯河原以外にも、伊豆、熱海、箱根など、日顕らの豪遊、散財《さんざい》ぶりが次々と露《あらわ》になったのである。

綱紀《こうき》自粛《じしゅく》の直後に大散財《だいさんざい》

発覚した数々の豪遊《ごうゆう》の中で、宗内から最も怒りを買ったのが、1990年（平成2年）8月30日の〝綱紀破《やぶ》り〟事件だ。

前日の29日から2日間かけて行われていた「教師講習会」の席上、宗門執行部から末寺坊主に対して、「綱紀・自粛に関する規準《きじゅん》」が徹底された。

その理由はもちろん、「C作戦」を断行した際、逆に、自分たちの堕落《だらく》を学会側から指摘されないための防衛策であった。
「努めて質素《しっそ》を心掛《こころが》けること」「華美《かび》・贅沢《ぜいたく》なものは慎《つつし》むこと」「妄《みだ》りに遊興《ゆうきょう》に耽《ふけ》り僧侶として信徒や一般から非難・顰蹙《ひんしゅく》を買うような言動は厳《げん》に慎むこと」……。

項目は21にも及んだが、よくよく見れば、僧侶ならば至極《しごく》当然の内容ばかり。

ところが、その講習会からわずか数時間後。なんと日顕は、綱紀を自《みずか》ら破り、講習会を終えたその足で、静岡県伊豆長岡の超高級温泉旅館へと繰《く》り出したのである。しかも、女房の政子、息子・信彰夫婦、宗門の〝金庫番〟だった石井信量《しんりょう》夫婦を連れての〝お大尽《だいじん》〟旅行。

宗内に綱紀自粛を命じておきながら、自分たちは、超高級温泉旅館で、酒と懐石《かいせき》料理に舌鼓《したつづみ》。日顕と政子が泊まった部屋はなんと1泊30万円。呆《あき》れた大散財である。

一方、温泉のみならず、度重《たびかさ》なる芸者遊興にも怒りの声が上がった。

86年（昭和61年）11月22日には、東京・赤坂の超高級料亭で、日顕以下、坊主12人に対して、芸者9人が同席しての大宴会《だいえんかい》が行われていたことが発覚。

芸者と並んでニンマリ笑っている写真が公表されると、日顕宗は、〝こんな柄《がら》の袴《はかま》は持っていない〟だの〝首をすげ替えた合成写真〟だのと、見え透《す》いたウソをつき、宴会の事実自体を完全否定した。

しかし、宴会に同席した人物の証言でウソが露見《ろけん》すると、今度は〝古稀《こき》の祝《いわ》いで呼ばれただけ〟と愚《ぐ》にもつかない言い逃れに終始《しゅうし》。

ついには、芸者と遊んだことが「一切衆《いっさいしゅ》生《じょう》を平等に救済《きゅうさい》する、本宗の末法無戒《まっぽうむかい》の精神の、裏付けがあらわれた」（「大白法」93年〈平成5年〉3月16日付）などと、厚顔無恥《こうがんむち》にも開き直ったのである。

芸者遊興が一切衆生救済の裏付けとは、とんだ「末法無戒」のはき違え、抱腹絶倒《ほうふくぜっとう》の珍説《ちんせつ》、珍教義である。

こうして日顕は、ウソにウソを重ね、恥《はじ》の上塗《うわぬ》りを繰り返した。

問題は、こうした遊興、贅沢《ぜいたく》の費用が、すべて信徒の供養であるということだ。

信徒の供養で遊興三昧。芸者に囲まれてご満悦の日顕（1986年〈昭和61年〉11月22日、東京・赤坂の超高級料亭）

日顕のような腐敗堕落《ふはいだらく》の坊主を、大聖人は厳しく糾弾《きゅうだん》されている。

「受けがたき人身を得て適《たま》ま出家せる者も・仏法を学し謗法の者を責めずして徒《いたず》らに遊戯《ゆげ》雑談《ぞうだん》のみして明《あか》し暮《くら》さん者は法師《ほっし》の皮《かわ》を著《き》たる畜生《ちくしょう》なり」（松野殿御返事、１３８６ページ）

仏道修行そっちのけで、信徒の供養で遊戯雑談の限りを尽くした日顕こそ、まさに「法師の皮を著たる畜生」なのである。

「出家」とは名ばかりの実態《じったい》

「出家」とは、世間的な利害《りがい》や欲望にとらわれないよう、世俗《せぞく》の生活を離れて仏道修行に励《はげ》むことをいう。

出家者としての模範を、何より大聖人ご自身が示してくださっている。

流罪《るざい》先では、「上はいたま《板間》あはず四壁はあばらに雪ふり《降》つもり《積》て消ゆる事なし」（種種御振舞御書、９１６ページ）。

身延では、「庵室は七尺・雪は一丈・四壁は冰《こおり》を壁とし」（秋元御書、１０７８ページ）。

大聖人は、風雪《ふうせつ》吹きすさぶ過酷《かこく》な環境下、その逆境《ぎゃっきょう》をはねのけて、広宣流布の道を厳然《げんぜん》と開かれたのである。

一方、日顕の場合、出家したはずが、〝豪邸漁《ごうていあさ》り〟に狂奔《きょうほん》。前述《ぜんじゅつ》の目黒豪邸計画に懲《こ》りず、今度は、東京23区で唯一の渓谷地《けいこくち》に面した世田谷区の豪邸を、10億円で取得《しゅとく》（1993年〈平成5年〉）。

表向きは「大石寺出張所」などとしたが、実態は、日顕と政子の豪華〝私邸〟。購入を担当した宗門関係者が、「奥様（政子）から『ゴー』がかかった」と漏《も》らしていたように、政子の一存《いちぞん》で、大石寺の大金が動いたのである。

さらにその後、都内有数の高級住宅地、渋谷区松濤《しょうとう》に、350坪という敷地《しきち》の邸宅《ていたく》を購入（97年〈同9年〉）。

購入費用は総額15億円とも言われ、翌年の新築工事ではさらに10億円を浪費した。

そして、近年も、女房の政子名義で、都内に時価2億円のマンションを所有していたことが発覚（2008年〈同20年〉）。

そもそも、仕事もしていない収入ゼロの政子が、どうして2億円ものカネを捻出《ねんしゅつ》できるのか。

政子は、海外旅行でブランド品を買い漁《あさ》り、高級ブティックやエステでも湯水のごとくカネを使うなど、やりたい放題。

本来、出家といえば妻帯《さいたい》もしない。しかし、日顕の場合は、女房も一緒になって信徒の浄財《じょうざい》を食いつぶしているのだ。

供養と称《しょう》する収奪《しゅうだつ》システム

仏法のためではなく、自分の生活や欲望を満たすために坊主を生業《なりわい》とする者を何と呼ぶか。

「飢餓《きが》の為《ため》の故に発心《ほっしん》出家するもの有らん是《か》くの如《ごと》きの人を名けて禿人《とくにん》と為《な》す」（立正安国論、29ページ）

広宣流布への祈りもなければ、一切衆生救済《いっさいしゅじょうきゅうさい》のための行動もない。〝供養〟〝供養〟とカネ集めに狂奔《きょうほん》する堕落《だらく》坊主・日顕こそ「禿人」の典型である。

1990年（平成2年）は「開創《かいそう》700年」を名目に46億円。94年（同6年）は「六万塔」で21億円。98年（同10年）には、「客殿建設」と称して41億円。「奉安堂」に絡《から》めて、2001年（同13年）までに150億円――。

さらに、日顕の場合、法主《ほっす》への供養として、「奉《たてまつる》御供養」なるものがあった。日顕に、何か事《こと》を頼《たの》む際には、封筒《ふうとう》に「奉」と書き、住職クラスで500万円、高い役職の坊主だと1000万円は包まなければならなかったという。まさに〝坊主ボロ儲《もう》け〟

のシステムだ。

そもそも供養とは、大聖人、御本尊への供養であり、法主への供養ではない。その信徒からの供養を横取りし、自身の欲望を満たし続けてきた日顕は、まさに〝供養泥棒〟と呼ぶ他あるまい。

法主《ほっす》一族以外は〝人に非《あら》ず〟

日顕の〝宗門私物化〟は、供養のみならず人事にも及ぶ。

折伏も教学もできない無能《むのう》坊主のドラ息子・信彰《しんしょう》を、庶務部長という要職《ようしょく》に据《す》えた（2005年〈平成17年〉、現在は布教部長）うえ、2010年（平成22年）には、宗内きっての古刹《こさつ》である常在寺《じょうざいじ》（東京・豊島区）の住職にねじ込んだ。

また、日顕の孫娘の婿《むこ》・今野信円《しんえん》を31歳という異例の若さで宣正寺《せんしょうじ》（静岡・磐田市）の住職にし、同じく孫娘の婿に当たる木村信龍《しんりゅう》も、38歳で善福寺《ぜんぷくじ》（東京・世田谷区）の住職に抜擢《ばってき》。さらに、信彰の娘婿・鈴木信福《しんぷく》に至《いた》っては、29歳で、正願寺《しょうがんじ》（千葉・八千代市）の住職に就《つ》けたのだ。

〝法主ファミリーに非《あら》ずんば人に非ず〟――宗内に200人以上もいる寺なし坊主は、こうした情実人事に怒り心頭《しんとう》だ。

もともと、ニセ相承《そうじょう》をはじめ、数々の問題を抱《かか》えている日顕は、自分が除歴《じょれき》されないようにするため、閨閥《けいばつ》づくりや弟子の引き締めに余念がない。

そんな日顕の最終目標が、次期69世法主の座に、息子・信彰を仕立て上げることだ。日顕が猊座《げいざ》を盗《ぬす》み取ってから25周年の時に行った集会（04年〈同16年〉）では、本来の一番弟子である総監《そうかん》・八木に、「阿部信彰師が一番弟子です。私は尊敬してまいります」と、驚《おどろ》くべき発言をさせる場面も見られた。

所詮《しょせん》、日顕の頭にあるのは、自己保身《じこほしん》と、阿部一族の栄誉栄達《えいよえいたつ》だけなのである。

折伏の指導に行った先で、温泉遊興にふける阿部信彰、法華講委員長・柳沢（当時）、野村慈尊（左から＝2001年〈平成13年〉5月、秋田県田沢湖温泉）

❻謗法与同《ほうぼうよどう》の大罪——禅寺に墓を建立、身延《みのぶ》と野合《やごう》

御聖訓

万事を閣《さしお》いて謗法《ほうぼう》を責むべし（聖愚問答抄、494ページ）

謗法と同座《どうざ》す可《べ》からず与同罪《よどうざい》を恐《おそ》る可き事（日興遺誡置文《ゆいかいおきぶみ》、1618ページ）

「万事を閣いて謗法を責むべし」（聖愚問答抄、494ページ）、「謗法と同座す可からず与同罪を恐る可き事」（日興遺誡置文、1618ページ）――。〝謗法厳誡《げんかい》〟は仏法の根本精神である。ところが、一宗を教導する立場にいながら、この訓誡を破ったのが阿部日顕だ。日蓮大聖人の「四箇《しか》の格言」に背《そむ》いた〝禅寺墓事件〟、師敵対《してきたい》の五老僧の末流〝身延派〟との迎合《げいごう》は、その極めつけ。ここでは、宗開両祖《しゅうかいりょうそ》に違背《いはい》した日顕宗の「謗法与同の大罪」を糾弾《きゅうだん》する。

自《みずか》ら開眼法要《かいげんほうよう》まで実施《じっし》

日顕による前代未聞《ぜんだいみもん》の大謗法といえば、1991年（平成3年）9月に発覚した〝禅寺墓事件〟だ。

――89年（同元年）7月17日、当時、法主だった日顕は、学会が寄進《きしん》した開蓮寺（福島市）の落慶入仏《らっけいにゅうぶつ》法要に訪れていた。

ところが、その法要の前日、日顕は、なんと同市内の曹洞宗《そうとうしゅう》・白山寺で、〝阿部家の墓〟の開眼法要を行っていた。

墓石は、スウェーデン産の最高級品で、当時、550万円もするものをわざわざ直輸入。費用は日顕自身が負担《ふたん》し、墓石には、これ見よがしに、「為先祖代々菩提　建立《こんりゅう》之日顕花押」と自分の名前まで彫《ほ》り込《こ》んだ。

しかし、かつて、日顕自身、「墓地が間違ったところにいつまでもありますると色々な悪縁にひかれて、その子供、さらに孫というような形のなかで、だんだんと正法の信心が崩れていくというようなことも、まま見受けられる（中略）正法寺院に墓をとって信仰に励《はげ》んでいくことが大事」（85年〈昭和60年〉1月29日）と偉《えら》そうに語っていたはずである。

それが、こともあろうに、大聖人が「四箇の格言」で「禅天《ぜんてん》魔《ま》」と糾弾《きゅうだん》された宗派の寺院に、先祖の墓を建てたのだ。

まったくの自語相違《じごそうい》、悩乱《のうらん》の極みである。

当代法主の大謗法に、宗内は騒然《そうぜん》となった。

「猊下《げいか》は禅寺の住職を〝禅天魔〟と破折《はしゃく》したのか⁉」

「なぜ正宗の寺院に建立しなかったんだ⁉」

ようやく事の重大さに気付き、慌《あわ》てふためいた日顕は、〝墓を建てた場所はあくまでも共同墓地〟などと幼稚《ようち》な言い逃れ。

ところがこれは、まったくのデタラメ。

史料によれば、〝阿部家の墓〟がある土地は、昔から白山寺のものであることは明らか。

1989年(平成元年)7月、曹洞宗・白山寺に建てた先祖の墓前で、開眼法要をする日顕

行政当局の資料にも「白山寺墓地」とあり、同寺の住職も、「ここは、共同墓地ではない」と断言した。

禅寺墓事件は、「天魔・日顕」の悪名《あくめい》とともに、宗史に永遠に刻まれる大汚点となった。

波木井実長《はきいさねなが》を突如、礼賛《らいさん》

禅寺墓事件以上に重大なのが、日蓮宗《にちれんしゅう》身延派との迎合《げいごう》だ。

身延派といえば、大聖人の教えに違背《いはい》したばかりか、目に余る謗法《ほうぼう》に、日興上人が、「堅《かた》く以《もっ》て義絶《ぎぜつ》し畢《おわ》んぬ」（富士一跡門徒存知の事、1602ページ）と決別を宣言された宗派である。

ところが、「C作戦」を発動して、悩乱《のうらん》した日顕は、1991年（平成3年）1月、突如、「大聖人様御在世《ございせ》当時の波木井実長の功績たるや、大変なものです」「波木井実長の外護があったればこそ、大聖人様が心安く御本懐《ごほんかい》を遂《と》げられた」と、あの「波木井実長」を礼賛したのである。

波木井は、身延の地頭《じとう》で、後に五老僧の一人・日向《にこう》と共に大聖人の教えに背《そむ》いた、身延派信徒の代表格ともいえる人物だ。

当然、〝波木井の功績〟など、御書《ごしょ》のどこにも記録されていない。

日顕自身、かつて自《みずか》ら監修《かんしゅう》した「日興上人日目《にちもく》上人正伝」（82年〈昭和57年〉発刊）で、「文永6年頃に入信した実長は、その後、強盛《ごうじょう》な信心に徹《てっ》していたとは言いがたく」と書いている。

日興上人は、日向、波木井らの謗法を見るに見かねて、身延を離山されたのである。

その心を忘れた日顕は、その後〝身延派〟にすり寄り、以下の通り、親密《しんみつ》な交流を重ねた。

▼1994年（平成6年）、身延の僧侶8人が大石寺を参詣《さんけい》。その後、案内役の大石寺の坊主は、「暖《あたた》かな気持ちで御案内申し上げることができました」などとご丁寧に礼状まで出した。

▼95年（同7年）、身延派日蓮宗の大本山、池上本門寺の高僧らが大石寺を訪問。日顕宗側は、能化《のうけ》の高野日海《にちかい》が案内役となり、普段は宗内関係者ですら立ち入れない「蓮葉《れんよう》庵《あん》」にまで上げて歓待《かんたい》。

▼同年、法華講委員長・柳沢が、阿部信彰《しんしょう》の寺の法華講員をゾロゾロと引き連れて、身延山・久遠寺を参詣。

これらはほんの氷山《ひょうざん》の一角《いっかく》。現在も、恒例行事《こうれいぎょうじ》のように、毎年、〝研修〟〝見学〟と称して、大石寺の所化らが、寺院巡《めぐ》りを行っている。まさに、日顕はじめ、宗門あげて身延迎合へと傾倒《けいとう》していったのである。

御書には、「謗法を責めずして成仏を願はば火の中に水を求め水の中に火を尋《たず》ぬるが如くなるべし」（曾谷殿御返事、１０５６ページ）と仰せだ。

成仏の直道《じきどう》は、謗法を責め抜くことにある。法主《ほっす》ならば、こうした〝謗法厳誡《げんかい》〟の模範を示すのが責務であろう。

そもそも日顕は、身延の僧侶に対し、一度でも対話や折伏に臨《のぞ》んだことがあるのか。あるいは、禅宗の僧侶を破折《はしゃく》したことがあるのか。

大石寺の所化が“研修”と称して身延山久遠寺を参詣（2002年〈平成14年〉8月7日）

法華講委員長・柳沢（当時）が、講員を引き連れて身延詣で（1995年〈平成7年〉8月20日）

破折もせずに、謗法も責めず、他宗の寺を平然と往《おう》来《らい》し、交流する。

宗開両祖《しゅうかいりょうそ》のお嘆《なげ》きは、いかばかりであろうか。

拭《ぬぐ》えぬ〝身延コンプレックス〟

身延に接近し、媚《こ》びへつらっている日顕だが、もともと、日顕の拭いがたい〝身延コンプレックス〟は、父親の日開譲《にちかいゆず》り。

日開は、1925年（大正14年）、身延派への〝破折《はしゃく》論文〟を書いてみたものの、あまりにお粗末《そまつ》な内容で、完膚無《かんぷな》きまでに反論され撃沈《げきちん》。その失態《しったい》で、当時の法主から、総務の役職も、能化《のうけ》の資格も剥奪《はくだつ》された経歴がある。

そして、31年（昭和6年）、日蓮《にちれん》宗各派が合同して、大聖人への「立正大師号《りっしょうだいしごう》」の〝勅《ちょく》額請願《がくせいがん》〟運動が起きた時のこと。

「勅額」すなわち天皇から与えられる額を、どの寺に掲げるかという議論の中で、日開は、身延を破折するどころか、今まで大石寺にあると主張してきた大聖人の「正墓」が、身延にあると認め、念書まで書いている。

日顕の父・日開

これはつまり、〝日蓮門下の盟主《めいしゅ》は身延〟と認めたに等しい屈辱《くつじょく》の歴史である。日興上人が、離山までして決別した身延に、時の法主だった日開は屈服《くっぷく》、魂《たましい》を売り渡したのである。その後、「立正」と書かれた勅額は、身延山久遠寺に掲揚《けいよう》された。

こうした、忌《い》むべき宗史の汚辱《おじょく》を晴らしたのが、55年（昭和30年）３月11日、身延派と創価学会の間で行われた「小樽問答《おたるもんどう》」である。

この時、学会側は、日興上人の身延離山や波木井の謗法《ほうぼう》に触れ、邪義《じゃぎ》の本質を追及。身延側の主張を徹底的に破折した。大聖人の仏法の正義を、満天下に示したのである。

実は、この小樽問答、最初に身延側と交わした誓約書《せいやくしょ》では、「日蓮正宗」対「身延派」の法論となっていたが、交渉《こうしょう》の過程《かてい》で、当初から逃げ腰だった宗門から、「創価学会小樽班」へと変更された。

仏法の正統性を証明する決戦の場において、公開法論に臨んだのは、宗門の坊主連中ではなく創価学会だったのだ。

御本尊すら金もうけの道具に

思えば、「小樽問答」に象徴《しょうちょう》される通り、創価学会が出現《しゅつげん》する前の宗門は、謗法厳誡《ほうぼうげんかい》や破折《はしゃく》精神、折伏精神など、皆無《かいむ》に等しかった。たとえば、大聖人が「法華弘通《ほっけぐつう》のはたじるし《旌》」(日女御前御返事、1243ページ)とされた御本尊も、宗門にとっては、カネ集めの道具に過ぎなかった。

その典型として、学会発足と同時期にあたる1931年(昭和6年)当時、法主の日開は、「宗祖第650遠忌」と称して、広宣流布のための御本尊を、供養集めに利用していた。しかも、供養の金額によって「賞与大曼荼羅《しょうよだいまんだら》」「大曼荼羅」などと下付《かふ》する本尊を区別し、額が少ない場合は「戒名《かいみょう》」しか与えなかった。

さらに、日開は、法主になる前、自分が編集責任者をしていた宗門の機関誌に、「禅宗の達磨大師《だるまだいし》が描かれた広告」や「身延の宣伝」を、毎号のように掲載していたこともある(1908年〈明治41年〉~14年〈大正3年〉)。

仏法を護り、御本尊を守護するはずの僧侶が、

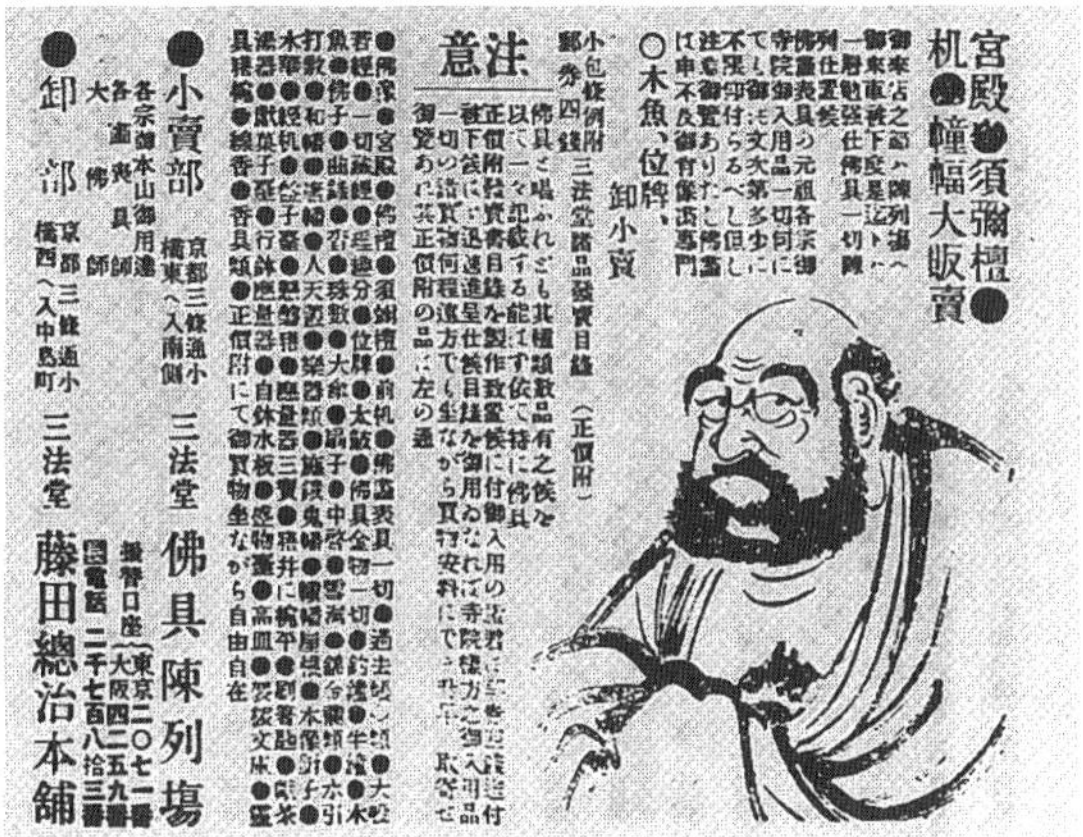

宗門機関誌に載った達磨大師の絵入り広告

この有様。

本山がこれでは、末寺が堕落《だらく》するのも当然である。檀徒《だんと》の謗法《ほうぼう》は、完全に野放し状態であった。

今でも、本山の〝お膝元《ひざもと》〟の富士宮市内などでは、本尊の真横に、神札や稲荷《いなり》、達磨を並べて祀《まつ》っている檀家《だんか》など、呆《あき》れた事例が数多くある。

いずれにせよ学会が出現する以前の宗門は、まさに法滅《ほうめつ》の様相《ようそう》を呈《てい》していた。

そんな中、牧口初代会長は、厳然《げんぜん》と〝宗教改革〟を叫《さけ》ばれた。

「我々は、蓮華が泥中よりぬけ出でて清浄の身をたもつがごとく、小善・中善の謗法者の中に敵前上陸をなし、敢然《かんぜん》と大悪を敵として戦っているようなもの」（「牧口常三郎全集第10巻」）

宗門のような謗法者ばかりの中で、大善《だいぜん》を説き、三障四魔《さんしょうしま》と戦うことは、「敵前上陸」と同じようなものであった。

〝謗法厳誡〟に徹し抜いた学会の〝不惜身命《ふしゃくしんみょう》〟の戦いがなければ、間違いなく日蓮仏法の命脈《めいみゃく》は途絶《とだ》えていたのである。

その大恩ある学会を切った日顕宗は、今再び、かつての邪宗門に〝先祖帰《せんぞがえ》り〟しているのである。

❼ 二枚舌《にまいじた》・大妄語《もうご》の大罪

――日顕、最高裁で2度断罪

御聖訓

妄語《もうご》とてそらごとせる者・此《こ》の地獄《じごく》(大叫喚《きょうかん》地獄)に堕《お》つべし

(顕謗法抄、445ページ)

三大秘法破壊《さんだいひほうはかい》、破和合僧《はわごうそう》、遊興三昧《ゆうきょうざんまい》……阿部日顕の数ある悪徳の中でも特筆すべきが「ウソつき」「二枚舌」だ。なにしろ日顕は、〝ニセ相承〟の作り話で猊座《げいざ》を盗《ぬす》み取り、宗門を私物化した。しかし「寺院明渡《あけわたし》裁判」では、自《みずか》らの相承《そうじょう》を証明できずに3連敗。さらに「改革僧侶へのデマ中傷事件」「シアトル事件をめぐるデマ事件」で最高裁から2度も断罪されているのである。

デマを「表現の自由」と強弁

「妄語《もうご》とてそらごとせる者・此《こ》の地獄《じごく》に堕《お》つべし」（顕謗法抄、445ページ）
虚言《きょげん》を弄《ろう》して人を陥《おとしい》れる者の行き着く先は、「大叫喚《きょうかん》地獄」である。この御文に照らせば、日顕の堕《だ》地獄は必定《ひつじょう》だ。
仏法上はもちろんのこと、世法のうえにおいても、日顕の悪らつなデマは司法の場で2度にわたって断罪されている。

改革僧侶に対するデマ中傷事件
（最高裁決定、2003年〈平成15年〉7月）

1992年（平成4年）3月31日、大石寺で行われた会合でのこと。

約400人の坊主の前で、日顕は、改革同盟の池田託道《たくどう》住職についてこう放言《ほうげん》した。

「学会から金をもらってあちこちに誘《さそ》いをかけているそうだ。まず5千万円出すっていうんだ」（趣旨）

池田住職が、あたかも金をちらつかせて僧侶の離脱《りだつ》を働きかけているかのような暴言を吐《は》いたのだ。これは、まったくの虚偽《きょぎ》であった。

当時は、法主《ほっす》としてあるまじき日顕の悪事が次々と明るみになり、堕落《だらく》した宗門を見切って離脱する僧侶が相次いでいた。それをどうにか止めたい一心で、日顕がデッチ上げたのが件《くだん》のデマ話だった。

この事実無根《じじつむこん》の中傷に対し、池田住職は、同年5月、名誉を毀損《きそん》されたとして日顕を提訴。

判決は、日顕の発言内容について、「本件発言は原告（＝池田住職）の名誉を侵害する違法なもの」（大津地裁）と厳しく断じたうえで、その他の言い分についても「被告（＝日顕）の主張は理由がない」「被告の主張は採用できない」と斥《しりぞ》けた。そして、日顕に30万円の損害賠償金支払いを命じ、後に最高裁で敗訴が確定した。

言語道断《ごんごどうだん》なのは、敗訴して反省するどころか、日顕が、宗務広報をバラ撒《ま》き、「宗教・表現の自由を無視した判決」などと居直り、大騒ぎしたことだ。

デマを吹聴《ふいちょう》するのが「表現の自由」とは、社会性のかけらもない日顕宗のレベルの低さ、悪質さを如実《にょじつ》に顕《あらわ》している。

「シアトル事件」をめぐるデマ事件
（最高裁決定、２００３年〈平成15年〉９月）

日顕による前代未聞の破廉恥《はれんち》事件「シアトル事件」の裁判で追いつめられていた日顕宗は、苦《くる》し紛《まぎ》れに開催《かいさい》した記者会見で、マスコミ各社に文書を配布した（１９９５年〈平成７年〉）。

学会が、アメリカ連邦政府のコンピューター・データベースに不法侵入し、シアトル事件に関するニセ情報を植え込もうとした、などと喧伝《けんでん》したのである。

スパイ映画さながらの胡散臭《うさんくさ》い作り話だが、日顕宗は、このデマを機関紙の号外まで出すなど大々的に報じたうえ、国会議員や地方議員、首長、さらに、公共機関等にも送りつけたのである。

あまりに度が過ぎる誹謗中傷《ひぼうちゅうしょう》に、学会は、日顕と宗門を提訴。

裁判所は、日顕らの言い分を「真実であると認めることはできない」と明確にウソと認定、日顕と宗門に連帯して４００万円の賠償を命じた。

荒唐無稽《こうとうむけい》な作り話で他人を陥れるなど、聖職者のすることではない。

理念も一貫性《いっかんせい》もなし

さらに、正本堂の供養をめぐる裁判では、何の理念《りねん》も一貫性もない日顕の「二枚舌《にまいじた》」が指弾された。

当初、日顕は、正本堂の意義について、こう明言していた。

「正本堂の規模《きぼ》の広大《こうだい》と、そのしかる所以《ゆえん》である現在の流行《るぎょう》の広布の相は明らかに一期弘《いちごぐ》法抄《ほうしょう》、三大秘《さんだいひ》法抄《ほうしょう》の戒壇《かいだん》としての意義に通ずる」

「正本堂はまさに一期弘法抄の戒壇の意義を含んで未来の広布にのぞむ現時の本門事《じ》の戒壇というべき」（1972年〈昭和47年〉3月26日、第1回正本堂建設委員会猊下御言葉の要旨拝考）

これらの発言に限らず、再三再四、〝正本堂こそが「本門の戒壇」〟と公言《こうげん》していたのは、ほかならぬ日顕だった。

ところが、宗門事件が起きるや、自《みずか》らの前言《ぜんげん》をコロッと翻《ひるがえ》し、正本堂の意義を完全否定。〝学会が勝手に意義づけた〟〝正本堂は謗法《ほうぼう》の固まり〟などと正反対のことを言い出したのである。

しかし、当時の日達《にったつ》法主が、「正本堂は、一期弘法付嘱書《ふぞくしょ》並びに三大秘法抄の意義を含む現時における事の戒壇なり」（訓諭《くんゆ》）と断言し、宗門の機関誌でも大々的に報道されていたように、「正本堂こそ本門の戒壇」というのは、誰もが認める宗門の統一《とういつ》見解であった。

判決は、日顕の幼稚《ようち》な言説《げんせつ》、変節《へんせつ》ぶりを、「自語相違《じごそうい》を承知の上で、上記の宗門公式見解における正本堂の意義付け（１９７２年〈昭和47年〉４月28日の日達の訓諭）を改訂変更《かいていへんこう》ないし撤回している」（２００３年〈平成15年〉12月、静岡地裁）と認定。

日顕の言説は完全に「自語相違」で、日達法主の意義付けを勝手に「改訂変更ないし撤回」したと、司法が明確に認めたのである。

「自語相違なりと責む可《べ》きなり」（早勝問答、１６４ページ）

「自語相違せり信受すべきに足らず」（五人所破抄、１６１６ページ）

日顕のような自語相違の人物は信じてはならない。徹底して自語

日顕のデマを２度にわたって断罪した最高裁判所（東京・千代田区）

相違を責めるべき。これが、大聖人の教えである。

「正直」を説《と》く大ウソつき

そもそも日顕は、宗内の坊主や信徒に対し、散々、偉そうに「正直」を説いてきた。

「正法を受持していく姿のなかにおのずとこの清浄な姿、特に嘘を言わない正直な姿を確立していくことが大事なことだと思っておる」（1982年〈昭和57年〉3月、在勤式）

「人間として嘘つきがたいへん困るのであります。特に大聖人様のお弟子として僧侶としてやっていく上において、嘘をついて平気な人間というものは絶対に正しい御奉公はできない」（84年〈同59年〉11月、大坊在勤者父兄会）

「嘘は絶対につかない、言ったことは必ず実行する、ただ正直ということだけを、まあそれ以外に取《と》り柄《え》がないので、そのことを考えて御奉公させていただいてきた」（89年〈平成元年〉12月、日顕誕生祝賀会）

「嘘を言ったり、二枚舌《にまいじた》を使わないで、正直に信徒に接していただきたいと思います」（91年〈同3年〉7月、教師指導会）

「信頼の基本は、うそを言わない、言ったことは必ず行うということ、要するに『正直』

ということなのです」〈96年〈同8年〉8月、教師指導会〉

何が〝私は絶対にウソをつかない〟〝正直以外に取り柄がない〟であろうか。一体、どの面下《つらさ》げてこんなセリフが言えるのか。

先述の通り、相承の時も、裁判でも、何から何までウソで塗り固めてきたのが日顕ではないか。

もともと一宗の法主が務まる実力も人望もなかった日顕の唯一の〝取り柄〟といえば、狡猾《こうかつ》なウソで信徒を騙《だま》し、隷属《れいぞく》させることぐらいであろう。

希代《きだい》の大ウソ坊主が、「正直」について語るとは、まったく滑稽千万《こっけいせんばん》である。

思い返せば、宗門が、突如、学会を切ったのは、１９９０年（平成2年）12月のことであった。

それとほぼ同時期に発刊された91年（平成3年）1月号の「大白蓮華」で、「新年の辞」を寄せた日顕は、「池田先生の指揮において大書すべきは、戦後の世界的な移動交流のなかで、各国に広まった信徒の方々を組織化した、世界広布への大前進が図《はか》られたことであります」「まことに勝れた不思議な団体たる創価学会」などと、池田名誉会長や学会に対し、最大の賛辞《さんじ》を送っていた。

つまり、一方では学会を讃嘆《さんたん》しながら、陰《かげ》ではペロリと舌を出し、広布破壊《はかい》の大謀略《ぼうりゃく》

「C作戦」を画策《かくさく》していたのである。

まさに、「二枚舌《にまいじた》」の典型だ。

「糞《ふん》を集めて栴檀《せんだん》となせども焼く時は但糞の香《か》なり大妄語《もうご》を集めて仏と・がうすとも但無《む》間大城《けんだいじょう》なり」（報恩抄、311ページ）

糞をかき集めて〝香料〟と言い張っても、焼けば即座に悪臭《あくしゅう》ふんぷん。すぐに正体はわかる。

御書《ごしょ》に仰《おお》せの通り、デマを重ねていくら仏を装《よそお》ったところで、たちどころに下劣な正体は暴かれる。

かつて、もう一人の大ウソつきで、恐喝《きょうかつ》事件で懲役《ちょうえき》3年の実刑を受けた山崎正友を「地獄へ何回堕ちても足りない」などと罵倒《ばとう》していた日顕だが、他人に言えた義理ではなかろう。

大妄語によって人を欺《あざむ》き続《つづ》けてきた欺瞞《ぎまん》と虚飾《きょしょく》の権化《ごんげ》・日顕の末路《まつろ》は、地獄の中の地獄、奈落《ならく》の底《そこ》以外にあるまい。

番外1 最高裁で8度断罪された反社会集団

御聖訓

天晴れぬれば地明《あきら》かなり法華を識《し》る者は世法を得可《うべ》きか

（観心本尊抄、２５４ページ）

「世間の失《とが》一分もなし」（佐渡御書、９５８ページ）――法難の最中、日蓮大聖人は厳然《げんぜん》と叫ばれた。この大聖人の後継を自称し、表向きは聖職者を装《よそお》いながら、実際は、悪行を繰り返し、何度も国法に裁かれてきたのが日顕宗だ。日顕自身は、「改革僧侶へのデマ中傷事件」「『シアトル事件』をめぐるデマ事件」で最高裁判所から2度の断罪。その他、宗門自体も、実に6度も敗訴が確定している。これだけ糾弾《きゅうだん》されながら、何の反省もなく自己正当化を続ける日顕は、宗教者としてはおろか、人間として失格である。

信徒の供養を大散財《さんざい》 一晩で数百万円の大豪遊《ごうゆう》

聖職者とかけ離れた日顕の贅沢三昧《ぜいたくざんまい》、遊興《ゆうきょう》三昧が白日《はくじつ》の下《もと》に晒《さら》されたのが、本章の５項でも触れた、あの「芸者写真」問題だ。

１９９２年（平成４年）11月、「創価新報」が、東京・赤坂の超高級料亭で、日顕らが芸者衆を呼びつけて遊興に耽《ふけ》っていた証拠写真を掲載した。

遊興といえば、日興上人が若き修行時代を過ごされた岩本・実相寺の院主・慈遍《じへん》は、坊内に遊女を招き入れ酒色に耽るなど、堕落《だらく》していた。それに対し、日興上人は「実相寺衆徒愁状《しゅうとしゅうじょう》」で、慈遍を徹底して糾弾《きゅうだん》された。袈裟《けさ》をまといながら、心も行いも、俗《ぞく》より俗。坊主のこうした遊興は、日興上人が最も厳しく断じられた最低の愚行《ぐこう》なのである。

さらに酷《ひど》いのが、写真が明るみになってからの日顕のぶざまな醜態《しゅうたい》だ。

日顕自身が、「『合成写真だ』と皆も言っている。専門家の目から見ても合成らしい。私自身も記憶に全くない。あったら覚えています」（92年〈同〉12月６日 法華講との目通り）と、全面否定。さすがに、法主の芸者遊びはマズイ、と思ったのであろう。宴会《えんかい》の事実自体を葬《ほうむ》り去ろうとしたのである。

ところが、93年（平成5年）２月、写真の撮影者が名乗り出て、宴会の日時、場所、参加者が特定されるや、前言撤回《ぜんげんてっかい》。

日顕が宴会にいた事実を認めたうえで、機関紙に〝宴席は「古稀《こき》の祝い」で招かれただけで芸者遊興ではない〟などと苦し紛《まぎ》れの弁明《べんめい》を載《の》せ、芸者同席の理由を、「一切衆生を平等に救済《きゅうさい》する、本宗の末法無戒《まっぽうむかい》の精神の、裏付けがあられた」（「大白法」93年〈平成5年〉3月16日付）などと居直った。

坊主12人と寺族8人が、9人もの芸者衆をあげ、生バンドまで呼んだ総額数百万円の大宴会《えんかい》である。

これを、「一切衆生の救済」「末法無戒の精神」とは笑止千万《しょうしせんばん》だが、何を血迷ったのか、この後、日顕は、〝写真は偽造〟などと言いがかりをつけ、10億円もの賠償金額を求めて訴えを起こし、大墓穴《ぼけつ》を掘るのである。

当然、裁判では、日顕らの遊蕩《ゆうとう》ぶり、そしてウソが、明快《めいかい》に暴かれた。

日顕宗側の唯一の証人として登場した高木法賢《ほうけん》（埼玉・法生寺）は、〝宴会は信徒が予約した〟〝2人は芸者だが、他の人は芸者かどうか定かではない〟など、偽証《ぎしょう》のオンパレード。

しかし、宴会を手配したのは信徒ではなく、高野日海《にちかい》（東京・本行寺）であることが立証され、宴会には、赤坂で名の通った９人の芸者が同席していた事実も裏付けられると、狼狽《ろうばい》した高木は、その後、「わかりません」「記憶にありません」を連発。日顕宗側の主張のデタラメぶりを露呈《ろてい》した。

日顕宗側の訴えは、東京高裁で斥《しりぞ》けられ、２００４年（平成16年）２月、最高裁で敗訴が確定。

信徒の供養を湯水のごとく遊興に浪費していた事実が、天下に証明された揚《あ》げ句《く》、自己正当化の大ウソも、すべて法廷で暴かれたのである。

本来ならば、この時点で、自《みずか》ら責任を取り、法主《ほっす》の座を降《お》りるのが筋《すじ》であろう。ところが、日顕は、その後ものうのうと猊座《げいざ》に居座り、宗内からも退座《たいざ》を迫る声が上がらなかった。

まさしく〝自浄能力ゼロ〟の日顕宗――その社会的信用は、完全に地に堕《お》ちたのである。

〝米袋《こめぶくろ》〟に遺骨《いこつ》を詰《つ》め込《こ》み境内《けいだい》の〝空き地〟に投棄《とうき》

一方、冷酷無慈悲《れいこくむじひ》な日顕宗を象徴《しょうちょう》するのが、「遺骨大量不法投棄事件」だ。

これは、１９７９年（昭和54年）９月、大石寺が、遺族から預かっていた大量の遺骨を、約２００もの〝米袋〟に詰め込み、大石寺境内の空き地に、まるでゴミ同然に投棄した事件である。

94年（平成6年）6月に「創価新報」で報道されるまで、遺族は、その不法投棄の実態《じったい》を知る由《よし》もなかった。

愛する人を偲《しの》ぶ遺族の心を踏《ふ》みにじる、信じがたい大悪行に、

「娘の遺骨を大石寺に合葬《がっそう》しましたが、今回の不法投棄事件は口では言い表せないほどの衝撃《しょうげき》でした。こんな扱いをされるなら、今すぐにでも娘の遺骨を返してほしい」

「事件を知って、両親の遺骨も同じ扱いをされているかもしれないと思うと居ても立ってもいられません」

と、多くの遺族から、悲痛《ひつう》な叫《さけ》びが上

遺骨は境内の“空き地”同然の場所に大量投棄された（中央左側３本の、杉の木の下）

がった。

墓地研究の専門家は、「宗教感情というよりも、一般常識からいっても、とても考えられない」と、日顕宗の異常性を厳しく指摘した。

さらに遺族を怒らせたのは、大石寺に対して何度も事実の解明、説明を求めたにもかかわらず、大石寺側は「丁重《ていちょう》に合葬されていますのでご安心下さい」などと言うだけで、煙《けむ》に巻《ま》いたことだ。

こうした大石寺側の不誠実な態度に憤慨《ふんがい》した遺族は、２０００年（平成12年）３月、日顕宗を相手取り裁判を提起《ていき》するに至ったのである。

単なる空き地を由緒《ゆいしょ》ある埋葬地に見せかけようと、この裁判でも日顕宗は、以下の

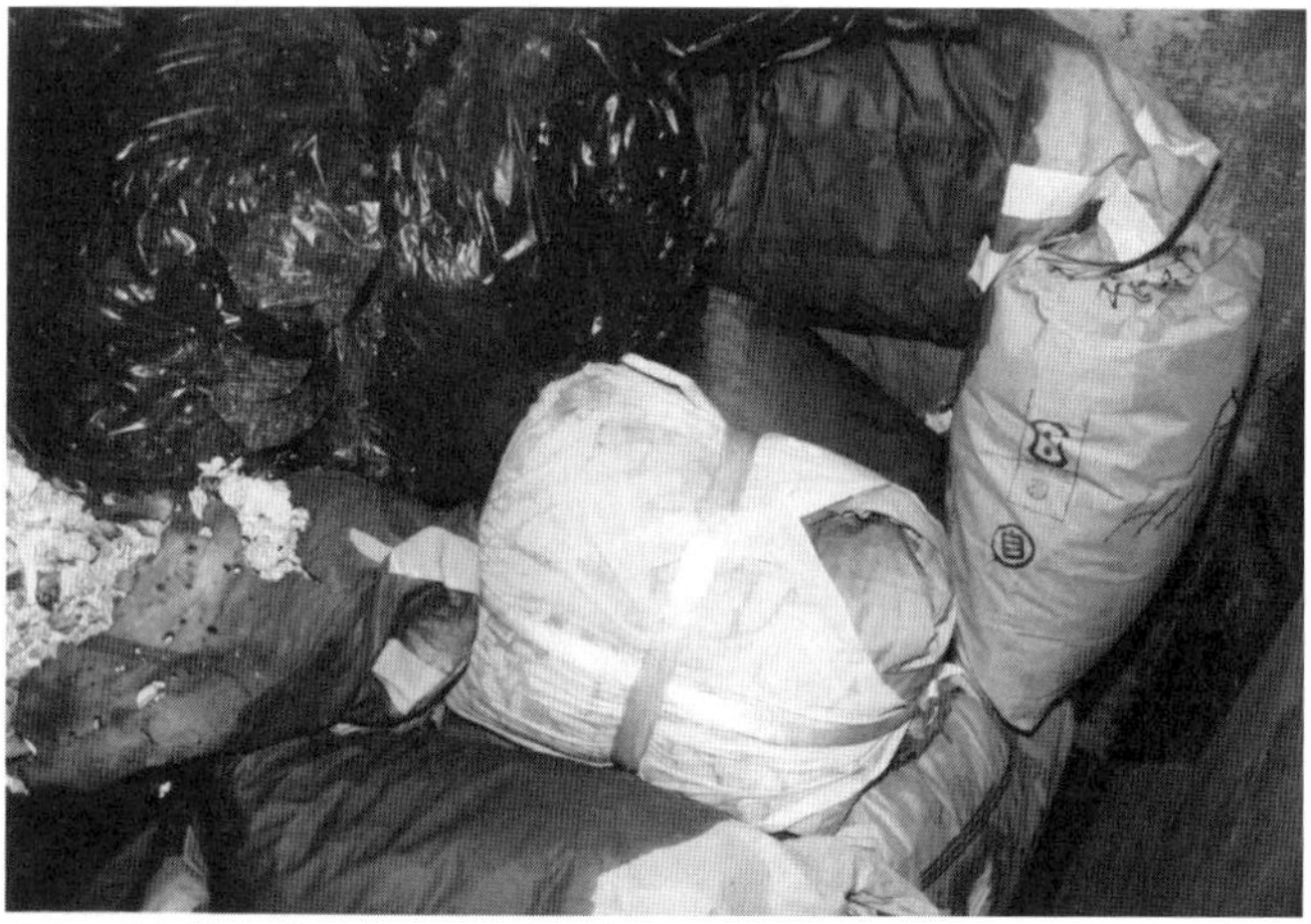

遺骨が“米袋”に詰め込まれ、ところどころ破けて散乱している

ような虚偽《きょぎ》の数々を並べた。
▼遺骨を埋めた場所は「総本山内においても、特に聖地《せいち》ともいうべき霊域《れいいき》」
▼約３時間、遺骨の埋葬《まいそう》作業に日達《にったつ》法主が立ち会った
▼日達法主が埋葬地で厳粛《げんしゅく》な法要《ほうよう》を行った
▼埋葬地に日達法主が育てた「由緒ある杉の木」を植えた
遺族側は、これらがことごとくウソの作り話であることを立証。裁判所は、日顕宗側の言い分を「信用することができない」と断じた。そして、訴えを起こした遺族らに200万円の慰謝料を支払うよう命令。03年（平成15年）12月には、最高裁によって日顕宗の敗訴が確定したのである。

完膚《かんぷ》なきまでに欺瞞《ぎまん》が暴かれたのに、日顕らは、敗訴後も遺族に詫《わ》び一つしていない。

一方、日顕の相承《そうじょう》を立証できぬまま負けた３つの裁判は、お笑いだ。

日顕宗が、宗門を離脱《りだつ》した僧侶に寺院明け渡しを求めた裁判で、妙道寺（最高裁確定、02年〈平成14年〉１月）、常説寺（同）、大経寺（同年２月）と、立て続けに敗訴。

離脱僧侶側は、相承がない日顕には法主管長の資格がない、よって管長が有する住職の任免権《にんめんけん》もない、と主張。それに対して日顕宗側は、相承の証拠を何一つ示せず終《じま》いで裁判に惨敗《ざんぱい》した。

〝法難〟と称《しょう》して居直り　社会性欠落《けつらく》した邪教団

宗門8度目の断罪は、日如の代になってからだ。

2004年（平成16年）6月、宗門の機関紙「慧妙《えみょう》」が、長野県在住の学会員の名誉を毀損《きそん》する事実無根《じじつむこん》の記事を掲載。裁判所は、「慧妙」の悪質な虚報《きょほう》について、「根拠を確認したり、裏付けを取るなどの取材活動をしたものとは窺《うかが》われない」（1審・東京地裁）と指《し》弾《だん》。

2審・東京高裁の判決では、「慧妙」発刊に関与した妙観講講頭の大草、同講指導教師の小川只道《しどう》らと共に、宗門にも連帯して190万円の賠償命令が下った。そして、09年（同21年）2月、最高裁での敗訴が確定している。

日顕宗は、こうした敗訴の山を、信徒向けに〝法難〟と称して開き直っている。

しかし、広宣流布《こうせんるふ》の大闘争《とうそう》の過程で惹起《じゃっき》するのが三障四魔《さんしょうしま》であり〝法難〟である。

日顕宗の場合、広宣流布とは無縁《むえん》。日顕の腐敗堕落《ふはいだらく》が露見《ろけん》し、卑劣《ひれつ》なデマが暴かれ、悪らつな不法行為が裁かれただけの、いわば単なる自業自得《じごうじとく》に過ぎない。

「天晴れぬれば地明《あきら》かなり法華を識《し》る者は世法を得可《うべ》きか」（観心本尊抄、２５４ページ）
「世間の治世の法を能《よ》く能く心へて候《そうろう》を智者とは申すなり」（減劫御書、１４６６ページ）
仏法者ならば、世間の道理に通じ、社会的な良識をわきまえなければならない。
ところが日顕宗は、信者を教化する立場の坊主らが、人並み外れて、常識も社会性も欠落している。その、何よりの証拠が、８度にわたる最高裁からの断罪なのである。

番外2 阿部日顕（「名聞名利《みょうもんみょうり》」の権化《ごんげ》）の正体

御聖訓

名聞名利《みょうもんみょうり》の心を以《もっ》て人にすぐれんと思うて今生《こんじょう》をわたり衆生《しゅじょう》をたすけず父母をすくふべき心もなき人を食法《じきほう》がきとて法をくらふがきと申すなり

（四条金吾殿御書、1111ページ）

狡猾《こうかつ》なウソで宗内を欺《あざむ》き、法主《ほっす》の座を掠《かす》め取った底なしの「権力欲」。醜い怨嫉で学会を切り、先師の事績《じせき》をことごとく破壊《はかい》した「凶暴性《きょうぼうせい》」。そして、聖職者にあるまじき下劣な「遊蕩癖《ゆうとうへき》」。日顕の呆《あき》れた行体《ぎょうたい》、歪《ゆが》んだ性質が形成された背景には何があるのか――「食法餓鬼・日顕の正体」を暴く。

幼少《ようしょう》からの〃エリート意識《いしき》〃

「日蓮が弟子と云《い》って法華経を修行せん人人は日蓮が如くにし候《そうら》へ」（四菩薩造立抄、989ページ）

「行学《ぎょうがく》の二道をはげみ候《そうろう》べし、行学たへ《絶》なば仏法はあるべからず」（諸法実相抄、1361ページ）

仏法の要諦《ようてい》は〃如説修行《にょせつしゅぎょう》〃であり、大聖人の仰《おお》せの通りに現実のうえで仏道修行に励《はげ》んでいくことにある。行学のたゆまざる実践こそ成仏の直道《じきどう》なのである。

ところが日顕は、若い頃から、肝心要《かんじんかなめ》の仏道修行の実践がなかった。

――日顕は、6歳の頃、時の法主《ほっす》・日開《にちかい》の息子として認知《にんち》された。

また、日顕の母・妙修《みょうしゅう》は、日顕が12歳の時に出家し、尼僧《にそう》となった。

妙修は、幼少時代から日顕に〃法主の息子〃としてエリート意識を徹底的に植え付けた。自分の父が法主であることを鼻にかけた日顕は、他の坊主や信徒に対して強烈《きょうれつ》な差別《さべつ》意識を抱いていく。

日顕本人に対してだけでなく、妙修は周囲にもこう放言《ほうげん》していた。

「信雄《しんのう》さん（＝日顕）は日開上人以上になりますよ」

自分の息子を偉《えら》くしたい。法主にさせたい。妙修の胸中には、こうした野望《やぼう》が渦巻《うずま》いていたのだ。

本来、出家とは、世俗《せぞく》との関係を断《た》って仏道修行に励《はげ》むことを指す。しかし、妙修が出家した理由は、ただ日顕の側《そば》で立身出世《りっしんしゅっせ》を支えたかっただけ。日顕に対する妙修の溺愛《できあい》は尋常《じんじょう》ではなく、その過保護ぶりに周囲も呆《あき》れていた。

たとえば、1940年（昭和15年）頃のこと。戦時下で本山の食糧事情《しょくりょうじじょう》が悪い中、所化頭《しょけがしら》をしていた日顕は、食糧調達の責任者を任《まか》された。ところが、それを聞いた妙修は、「信雄さん（＝日顕）を食糧調達係にするのはやめてください。そんな能力があるわけないじゃないですか」と血相《けっそう》を変えて大坊《だいぼう》に駆け込み、辞《や》めさせたという。一尼僧が、山内《さんない》の役務《やくむ》にまで口出ししたのである。

また、日顕が京都・平安寺にいた教学部長時代には、日顕が、朝の勤行《ごんぎょう》になかなか出てこない時に、妙修が「朝ですよ。勤行しなさい」と起こしにいったという。齢《よわい》40を過ぎた妻子《さいし》ある男が、まるで小学生の親子関係のような有様《ありさま》だ。

妙修の庇護《ひご》のもと甘やかされて育った日顕は、まともに仏道修行に取り組むことなどなかった。

妙修が日顕に叩《たた》き込《こ》んだのは、信心でも実践でもない。法主という地位に対する執着《しゅうちゃく》。「権力欲」であり「出世欲」だった。

こうして日顕は、「名聞名利《みょうもんみょうり》」の権化《ごんげ》となって法主の座を狙い、ウソと謀略《ぼうりゃく》によって、その地位を奪い取ったのである。

御書《ごしょ》には、「名聞名利の心を以《もっ》て人にすぐれんと思うて今生をわたり衆生をたすけず父母をすくふべき心もなき人を食法《じきほう》がきとて法をくらふがきと申すなり」（四条金吾殿御書、1111ページ）と仰《おお》せである。

日顕の愚行《ぐこう》はすべて私利私欲《しりしよく》、自身の栄耀栄華《えいようえいが》のため。その本性はまさに、〝法を食らう餓鬼《がき》〟である。

見境《みさかい》なき「凶暴性《きょうぼうせい》」

法主になったはいいものの、信仰心も広宣流布《こうせんるふ》の実践もまったくなかった日顕は、他人に、唱題や折伏など、実体験に基《もと》づく仏法の功徳を語ることができない。

故に、仏法の論理や思想の深さを、実感を持って伝えることができない。

そして、そもそも人々を惹《ひ》きつける人徳《じんとく》も人望《じんぼう》もない。

そんな日顕が、ようやく手に入れた猊座《げいざ》を守るためには、〝恐怖支配《きょうふしはい》〟によって、宗内の坊主や信徒を隷属《れいぞく》させるほかなかった。

実際、大石寺にいた多くの僧侶が、「瞬間湯沸《しゅんかんゆわ》かし器《き》」のように激昂《げっこう》する日顕の行体《ぎょうたい》について証言している。

怒鳴《どな》るのは、日常茶飯事《にちじょうさはんじ》。

正本堂での御開扉《ごかいひ》の後、〝俺に伏《ふ》せ拝《はい》ができないのか〟と怒り、坊主の頭を中啓《ちゅうけい》（＝法主が持つ大きめの扇子《せんす》）で殴《なぐ》ったうえ、蹴《け》りを入れた。

頭の下げ方が悪かった坊主を、中啓がばらばらに壊れるまでひたすら殴り続けた。

丑寅《うしとら》勤行でウトウトしていた坊主の後頭部を数珠《じゅず》で引っぱたいた。殴られた坊主の後頭部には、数珠玉の跡《あと》がくっきりと浮き上がりミミズ腫《ば》れになっていた。

坊主を突き飛ばし、飛ばされた坊主は襖《ふすま》に激突、襖ごと外れて倒れた。

端座《たんざ》している坊主に向かってひざ蹴り、蹴られた坊主のメガネが床に転がり落ちた――。

これらはほんの氷山《ひょうざん》の一角《いっかく》。日顕の冷血《れいけつ》な行為を挙げればキリがない。

いったん怒り出したら限度も見境もない。自分の気がおさまるまで暴走する。思い通りにならないと爆発する破壊《はかい》エネルギー。

大聖人は「法華経の修行の肝心は不軽品にて候なり、不軽菩薩の人を敬いしは・いかなる事ぞ教主釈尊の出世の本懐《ほんかい》は人の振舞にて候《そうらい》けるぞ」（崇峻天皇御書、１１７４ページ）と仰《おお》せである。修羅に染まった振る舞いこそ、この男の法主失格、否《いな》、人間失格を何より物語っている。

「腐敗堕落《ふはいだらく》」の本性

一方、「少欲知足《しょうよくちそく》」に違背《いはい》して信徒の供養を散財《さんざい》し、温泉豪遊《おんせんごうゆう》、芸者遊興《げいしゃゆうきょう》を繰り返してきた日顕の下劣な「遊蕩癖《ゆうとうへき》」。

いかに日顕が若い時から遊びほうけていたか――それを物語る象徴的な出来事が、１９４３年（昭和18年）、日顕が20歳の時に起きた。

同年11月21日、日顕の父・日開《にちかい》が死亡した。

死亡前日の夜、学徒出陣の送別会のため東京にいた日顕は、一緒にいた坊主に、「俺は寄るところがあるから……」と言い残して夜の街に消えていった。行った先は、吉原の歓《かん》楽街《らくがい》だという。

遊びにうつつを抜かしていた日顕は、結局、親の死に目にあえなかった。

しかも、姑息《こそく》にも日顕は、「交通事情の悪かったこと」「急遽《きゅうきょ》登山を志したものの適当な列車もなく」（「日開上人全集」の巻頭言）などと自己正当化を図《はか》った。

しかし、当時の列車の時刻表を見ると、本山に辿《たど》りつく行き方は、何通りもあった。

日顕にとって日開は、「父」として「僧」として、大恩ある人だったはずだ。

ところが、遊びによって日開の臨終《りんじゅう》に間に合わないうえ、ウソにウソを重ねて自《みずか》らを虚《きょ》飾《しょく》した。人の道に外《はず》れた最低の所行《しょぎょう》である。

それだけではない。47年（昭和22年）から東京・本行寺、その後、63年（同38年）から京都・平安寺に赴任した時の日顕の堕落ぶりも、目を覆《おお》わんばかりだった。

本行寺時代は、浅草のキャバレーに通い、お気に入りのホステスまでいた。

60年（昭和35年）、日淳《にちじゅん》法主の一周忌に当たり全集を発刊した際には、その打ち上げと称して、僧侶を大勢引き連れて、キャバレーに繰り出した。その場で日顕は、〝もっと連れてこい！〟などと次々とホステスを指名。最終的に20人もの女性を集めて大豪遊したのは、宗内でも有名な話だ。

また、寺の中では、在勤者や若い坊主を呼んで麻雀《マージャン》に興《きょう》じていた。手ほどきしていたのは、妙修《みょうしゅう》である。立て膝《ひざ》に、くわえタバコで麻雀牌《ぱい》をさばく妙修。部屋にはタバコの煙《けむり》が充満《じゅうまん》し、まるで賭場《とば》のような退廃《たいはい》した雰囲気《ふんいき》が漂《ただよ》っていたという。

平安寺にいた頃は、京都随一《ずいいち》の超高級料亭で、年に何度も宴会《えんかい》を持ち、祇園《ぎおん》の芸妓《げいぎ》を何人も呼んで遊んでいた。また、時には大阪まで足を伸ばし遊興に耽《ふけ》っていた。

この他、日顕が、妙修のために祝宴《しゅくえん》をもうけた時には、日顕は、嬉しそうに「母は芸妓が好きだから、芸妓を入れて喜ばせたい」と語っていたという。

よりによって、宗門の僧侶が、尼僧《にそう》である母のために芸者を呼んで宴会とは、もはや出家の精神などかけらもない。

開いた口がふさがらないのは、こうした遊興の数々を、妙修が〝奨励《しょうれい》〟していたことだ。

息子・日顕を法主にしたかった妙修は、早いうちから宗内に日顕の〝支持者〟を作ろうと考えていた。遊びで若手坊主を手なずけ、懐柔《かいじゅう》し、籠絡《ろうらく》する。こうして日顕の

芸者をはべらせご満悦の日顕。遊びぐせが体に染み付いている（静岡県伊豆長岡の高級旅館で、1984年〈昭和59年〉10月1日）

仲間を増やしていく。

坊主同士で、飲ませ、食わせ、遊ばせる。日顕は母親の〝後ろだて〟のもと、夜な夜な坊主を引き連れて遊びに狂奔《きょうほん》していたという。

要するに、妙修が教えた〝人心掌握術《じんしんしょうあくじゅつ》〟とは、酒であり遊興だったのだ。

大聖人は、「一切衆生の異の苦を受くるは悉《ことごと》く是れ日蓮一人の苦なるべし」(御義口伝、758ページ)と仰せの通り、慈悲の心で門下を包まれ、激励し続けられた。しかし、「信心」も「修行」もない日顕は、ウソと権威で身を飾るしかなかった。

人徳もないから、カネや酒、遊びで取り巻きを増やすしかなかった。

御聖訓に「賢きを人と云いはかなきを畜といふ」(崇峻天皇御書、1174ページ)とあるが、仏道修行ゼロの日顕は、〝はかなき畜生道〟一直線! なんとも惨《みじ》めで哀《あわ》れな食法餓鬼もいたものだ。

第3章
日顕宗を破す

大聖人《だいしょうにん》に背《そむ》く
天魔《てんま》・日顕の邪義《じゃぎ》を糾弾《きゅうだん》！

自分の権威を高め、信徒を支配するために、「血脈」や「三宝《さんぽう》」の意義まで改ざんし、「法主絶対論」「僧俗差別」の邪義を振り回す日顕宗。

日蓮大聖人《にちれんだいしょうにん》は、「私ならざる法門を僻案《びゃくあん》せん人は偏《ひとえ》に天魔波旬《てんまはじゅん》の其《そ》の身に入り替りて人をして自身ともに無間大城《むけんだいじょう》に堕《お》つべきにて候《そうろう》」（四菩薩造立抄、989ページ）と仰《おお》せである。

本章では、大聖人に背き、仏法を私物化する天魔・日顕の邪義を破折《はしゃく》する。

❶ 歪《ゆが》んだ血脈観

御聖訓

強盛《ごうじょう》の大信力を致して南無妙法蓮華経・臨終《りんじゅう》正念《しょうねん》と祈念し給《たま》へ、生死一大事の血脈此《こ》れより外に全く求むることなかれ(中略)信心の血脈なくんば法華経を持《たも》つとも無益《むやく》なり(生死一大事血脈抄、1338ページ)

法主《ほっす》から法主に伝わる血脈相承《そうじょう》が根本で〝信心の血脈〟は枝葉《えだは》に過ぎない――などと、教義をねじ曲げ、歪んだ血脈観で、法主の〝絶対化〟〝神秘化〟を図《はか》ってきた日顕宗。日蓮大聖人の御書《ごしょ》に照らせば、これらが、仏法の本義とはかけ離れた邪義《じゃぎ》であることは、明々白々。ここでは、本来、万人に開かれている血脈を、法主の独占物にした日顕宗の「ニセ血脈論」を破折《はしゃく》する。

神秘主義　カルトまがいの邪義《じゃぎ》

「日本国の一切衆生《いっさいしゅじょう》に法華経を信ぜしめて仏に成る血脈を継《つ》がしめん」（生死一大事血脈抄、1337ページ）

一切衆生に仏法を弘め、法華経を信じさせ、成仏への血脈を継がしめて幸福の大道を歩んでもらいたい。

佐渡流罪《さどるざい》という大難《だいなん》の渦中《かちゅう》にあっても、なお、一切衆生を苦悩《くのう》の淵《ふち》から救いたいと切願《せつがん》する。末法の御本仏・日蓮大聖人の大慈大悲《だいじだいひ》を象徴《しょうちょう》する御書《ごしょ》の一節である。

この御文からわかる通り、元来、日蓮大聖人の仏法における〝血脈〟は、一切衆生に開かれたものであり、一部の者が独占するものではない。

仏法は、万人に開かれた民衆宗教なのである。

〝一切衆生救済《きゅうさい》〟という大聖人の御心を踏《ふ》みにじったのが、極《きわ》めて閉鎖的《へいさてき》で独善的《どくぜんてき》な血脈観を示す日顕宗だ。「C作戦」以降、日顕は、血脈の本義についてこう放言《ほうげん》してきた。

「（学会は）法体の血脈を除いて、信心の血脈だけを論じております。（中略）枝葉のところに執《とら》われているわけです」（1992年〈平成4年〉8月、教師講習会）

「ことごとくは、法体の血脈が根本であるから、そこから離れて信心の血脈はない」（97年〈同9年〉8月、行学講習会）

要は、信心の血脈ではなく、代々の法主に伝わる〝血脈相承《そうじょう》〟が根本だと言い張っているのだ。

さらに、前任の法主から相承を受ければ、たとえどんな人物であろうと、直《ただ》ちに〝大聖人の法魂〟が宿る。そして、その法主に信伏随従《しんぷくずいじゅう》しなければ、祈ろうが折伏しようが、功徳は一切享受《きょうじゅ》できず、成仏がかなわないというのだ。まさに、神秘主義的なカルトまがいの邪教、邪義である。

しかし、あまりにも当然のことだが、御書のどこを見ても、そんな妄説《もうせつ》など書かれていない。

大聖人は、「生死一大事血脈抄」で、このように示されている。

「久遠実成《くおんじつじょう》の釈尊《しゃくそん》と皆成仏道《かいじょうぶつどう》の法華経と我等《われら》衆生との三つ全く差別無《な》しと解《さと》りて妙法蓮華経と唱え奉《たてまつ》る処《ところ》を生死一大事の血脈とは云《い》うなり」（1337ページ）

「久遠実成の釈尊」と「万人成仏の法である法華経」と「私たち一切衆生」の3つを並べて、「全く差別無し」との仰《おお》せである。つまり、大聖人と御本尊と凡夫《ぼんぷ》である自分を〝差別無し〟と確信して、真剣に題目を唱えていくことが、血脈の本義なのである。

ところが、日顕宗の場合は、法主だけが特別で、衆生はおろか一般僧侶とも明確な差別があり、法主に従わない限り、〝堕地獄《だじごく》間違いなし〟というのである。

さらに同抄では、こうも仰せだ。

「総じて日蓮が弟子檀那《でしだんな》等・自他彼此《じたひし》の心なく水魚の思《おもい》を成して異体同心にして南無妙法蓮華経と唱え奉る処を生死一大事の血脈とは云うなり、然《しか》も今日蓮が弘通する処の所詮《しょせん》是なり、若《も》し然らば広宣流布の大願も叶うべき者か、剰《あまつさ》え日蓮が弟子の中に異体異心の者之《これ》有れば例せば城者として城を破るが如《ごと》し」（同）

大聖人の弟子として分《わ》け隔《へだ》てなく、心を一つにし、異体同心の団結で題目を唱えていく。不惜身命《ふしゃくしんみょう》の実践に取り組んでいく。それこそが生死一大事の血脈であり、この思いで進んでいくならば、広宣流布の大願も成就するであろう。そして、もし広宣流布の団結を破る異体異心の者がいれば、それは、本来、城を守るべき者が自《みずか》ら城を破壊《はかい》するようなもの、との誡《いまし》めである。

仏意仏勅《ぶっいぶっちょく》の創価学会を破門し、広布破壊《はかい》を目論《もくろ》んだ日顕は、まさに城者として城を破る異体異心の大謗法《ほうぼう》を犯したのである。

最後に、大聖人は、「強盛《ごうじょう》の大信力《だいしんりき》を致《いた》して南無妙法蓮華経・臨終正念《りんじゅうしょうねん》と祈念し給《たま》へ、生死一大事の血脈此《こ》れより外《ほか》に全《まった》く求むることなかれ（中略）信心の血脈なくんば法華経を持つとも無益《むやく》なり」（同、１３３８ページ）と、〝信心の血脈〟がなければ無益である、と結論付けられている。

〝信心の血脈〟こそ仏法の根本であり、それを蔑《ないがし》ろにする日顕宗に従えば、成仏など望むべくもないことは明白である。

歴代法主《ほっす》も〝信心に依《よ》る〟と明言《めいげん》

このように追及されると、坊主や法華講員は、「此の経は相伝に有らざれば知り難し」（一代聖教大意、３９８ページ）などの御文の意味を都合よくねじ曲げ、悪用する。

しかし、前後を含めてこの個所を通読すると、〝法華経は誰のために説かれたものか。それは一切衆生のためである〟と説かれている。つまり、ここは、「民衆仏法の精神」について明記された部分であり、〝法主の血脈相承〟などとは、まったく関係ない。

そもそも、日顕宗の血脈観と、宗門の歴代法主が示してきた見解が明らかに相違《そうい》している点を、どう説明するのか。

９世・日有《にちう》法主は、「化儀抄《けぎしょう》」で、「信と云《い》ひ血脈と云ひ法水と云ふ事は同じ事なり」と明記。

同抄については、59世・日亨《にちこう》法主も、「信心と血脈と法水とは要するに同じ事になるなり、信心は信行者にあり・此《この》信心に依《よ》りて御本仏より法水を受く、其《その》法水の本仏より信者に通ふ有様《ありさま》は・人体に血液の循環する如《ごと》きものなるに依りて・信心に依りて法水を伝通する所を血脈相承《そうじょう》と云ふ」（有師《うし》化儀抄註解）と注解《ちゅうかい》している。

また、65世・日淳《にちじゅん》法主は、「『信心の血脈なくんば法華経を持つとも無益なり』と仰《おお》せられた血脈は脈絡《みゃくらく》のことで、即《すなわ》ち信心がなければ脈絡は成り立たない」（『日淳上人全集』下巻1442ページ）と述べている。

要するに「血脈」とは「信心」の異名であり、〝信心の血脈〟こそが、仏法の根幹なのである。

歴代法主も、〝信心に依って〟大聖人からの法水が信徒に流れる。それを血脈相承と言う、と明言してきた。

日顕は、宗門本来の法義を歪曲《わいきょく》し、先師に背《そむ》いたのである。

それとも現宗門は、歴代の日亨法主や日淳法主が誤《あやま》っていたとでもいうのか。

いずれにしても、血脈によって法主を〝絶対化〟する邪義《じゃぎ》は成立しない。

「C作戦」の前と後で発言が矛盾《むじゅん》

日顕の血脈観は、大聖人や歴代法主と相反《あいはん》するどころか、そもそも日顕自身が話してきた内容とも矛盾している。

「C作戦」を実行する前は、日顕自身も血脈についてこう語っていた。

「血脈相承《そうじょう》とは、信心の血脈がその基《もとい》をなすのであり、その信心の血脈によって仏の本地《ほんち》甚深《じんじん》の境智に基《もと》づく法体法門の血脈が、一器より一器へ流れ通うのであります」（1987年〈昭和62年〉4月、虫払大法会）

「唯授一人《ゆいじゅいちにん》の血脈も、その基本的本質は前来述べる如く信心の血脈に存します」（同）

「信心の血脈が正法の僧俗一切の行学《ぎょうがく》の根底であります。故に、大聖人より日興上人への血脈が貫主《かんず》（＝法主）一人しか解《わか》らぬ独断的、偏見的な仏法などというのは血脈の真義《しんぎ》を解《げ》せぬ者の囈言《たわごと》であり、信心の一念に法水が流れるところ、有智《うち》、無智《むち》を問わず、万人のために即身成仏の功徳が実証として開かれている」（同）

〝法主一人にしかわからないというのは、血脈を理解していない者の囈言〟とまで断言していたのだから、とても、同じ人物から出た言葉とは思えないまったくの自語相違《じごそうい》である。

「C作戦」前と後の日顕の発言。一体どちらが大聖人の意にかなっているのか。御書《ごしょ》に照らせば一目瞭然《いちもくりょうぜん》。

日顕自身の言葉を借りて言えば、日顕の妄言《もうげん》こそ、〝血脈を理解していない者の囈言〟という他あるまい。

腐敗堕落《ふはいだらく》の禿人《とくにん》に血脈の資格なし

そもそも、〝法体の血脈〟が根本というならば、大聖人の〝法魂〟を宿したはずの日顕が繰り返してきた呆《あき》れた行体《ぎょうたい》を、どう説明するのか。

折伏もやらない。勤行・唱題もサボり放題。

大石寺遺骨《いこつ》大量不法投棄《とうき》などに見られる反社会的行為、事件の数々。

伊豆長岡の高級温泉旅館で酒色にふける日顕。こんな男のどこに“大聖人の法魂”が宿るというのか

法廷では、ウソや偽証《ぎしょう》のオンパレード。日顕自身も最高裁から断罪。

信徒の供養を大散財《だいさんざい》して、温泉豪遊《おんせんごうゆう》、芸者遊び、豪邸漁《ごうていあさ》りなど遊興《ゆうきょう》の限りを尽くす――俗よりも俗の大醜態《しゅうたい》。日顕のような腐敗堕落のニセ法主に、大聖人の魂《たましい》が宿っているわけなどあるまい。

日亨《にちこう》法主は、「不善不浄の邪信迷信となりて仏意に違《たが》ふ時は・法水の通路徒《いたず》らに壅塞《ようそく》せられて・我等元《もと》の侭《まま》の粗《あら》凡夫の色心なれば・即身成仏の血脈を承《う》くべき資格消滅せり」（有師化儀抄註解）と述べている。

信心が狂《くる》い、邪義《じゃぎ》・迷信に陥《おちい》った日顕宗は、もはや即身成仏の仏法の大功徳、〝信心の血脈〟を受ける資格が消滅していることは明らかだ。

そんな日顕宗についていけば、それこそ堕地獄必定《だじごくひつじょう》であろう。

❷ニセ三宝《さんぽう》論
――仏・法・僧の「三宝」を日顕宗が破壊《はかい》

御聖訓

若《も》し善比丘《ぜんびく》あつて法を壊《や》ぶる者を見て置いて呵責《かしゃく》し駈遣《くけん》し挙処《こしょ》せずんば当《まさ》に知るべし是の人は仏法の中の怨《あだ》なり　（立正安国論、26ページ）

「三宝」とは、仏法を信仰するうえで尊敬《そんけい》すべき「仏宝」（＝根源《こんげん》の法を悟り、主師親《しゅししん》の三徳《さんとく》を具《そな》えた教主）、「法宝」（＝仏の説いた教え）、「僧宝」（＝この法を伝持《でんじ》し、弘める仏弟子）のこと。日顕による教義の改《かい》ざんは、この「仏」「法」「僧」の「三宝」にまで及んでいる。

〝法主《ほっす》は「僧宝」だから敬え！　従《したが》え！〟と信伏随従《しんぷくずいじゅう》を強要《きょうよう》し、揚《あ》げ句《く》の果てには、〝法主への批判は三宝破壊〟と脅迫《きょうはく》し、自分への盲従《もうじゅう》を強《し》いているのだ。

「六巻抄《ろっかんしょう》」にある「三宝《さんぽう》」の意義

「三宝」の解釈《かいしゃく》について、日寛《にちかん》上人は、「六巻抄《ろっかんしょう》」の中の「当流《とうりゅう》行事《ぎょうじ》抄《しょう》」で、こう明記されている。

「仏宝」↓「久遠元初《くおんがんじょ》の仏宝、豈異人《あにことひと》ならんや、即《すなわ》ち是《こ》れ蓮祖大聖人なり」
「法宝」↓「久遠元初の法宝とは、即ち是れ本門の大本尊是れなり」
「僧宝」↓「久遠元初の僧宝とは、即ち是れ開山《かいざん》上人なり」

すなわち、本来、宗門における「三宝」とは、

「仏宝」＝日蓮大聖人
「法宝」＝一閻浮提総与《いちえんぶだいそうよ》の大御本尊
「僧宝」＝日興上人

であることは明白である。

ところが、日顕宗では、この仏法者として敬うべき「三宝」を蔑《ないがし》ろにし、自分の権威を高めるために「ニセ三宝論」を振りかざし、信徒支配の道具にしているのだ。

「大聖人《だいしょうにん》直結」を「大謗法《ほうぼう》」と難癖《なんくせ》

その最たる例が、１９９１年（平成３年）11月7日に、宗門側が学会に送付した「解散《かいさん》勧告書《かんこくしょ》」だ。

同書の中で日顕宗は、学会が「僧宝として日興上人一人を挙げ、日目《にちもく》上人以下の歴代上人は除外している」と決めつけ、「唯授一人《ゆいじゅいちにん》の血脈を蔑《ないがし》ろにする師敵対《してきたい》の大謗法」「本宗伝統の三宝《さんぽう》義を改変する邪義《じゃぎ》」などと非難している。

しかし、もとより「三宝」として敬うべき「僧宝」が「開山上人」、すなわち日興上人と定められたのは日寛上人であり、学会が決めたことではない。日顕宗は、日寛上人のこと

「僧宝」を改ざんし、信伏随従を強要

「三宝《さんぽう》」に関する日顕の呆れた自語相違《じごそうい》

「C作戦」前

1980年（昭和55年）3月	歴代法主以下、一般の僧侶についてはあえて僧宝とは言わない

「C作戦」後

1991年（平成3年）11月	歴代法主を僧宝から除外するのは師敵対《してきたい》の大謗法
1997年（平成9年）8月	時の法主を尊崇しないのは、大聖人に背く大謗法

を「師敵対の大謗法」とでも言うのか。

また、「勧告書」では、学会が主張する「大聖人直結」についても、「本宗三宝の次第を超えた己義《こぎ》であり、まさに三宝破壊《はかい》の大謗法」と難癖《なんくせ》をつけている。

「大聖人直結」が〝己義〟とは、まったく開いた口がふさがらない。要は、学会に相手にされないばかりか、公然と糾弾《きゅうだん》されたことが、よほど悔《くや》しかったのだろう。

しかも、学会の追及に対して、ことごとく回答不能《かいとうふのう》。結局、日顕は、「法主《ほっす》も僧宝なんだから、黙《だま》ってワシに従え！」と恫喝《どうかつ》することしかできなかったのである。

さらに笑止千万《しょうしせんばん》なのが、以下のくだり。

「僧侶は、この本因下種《ほんいんげしゅ》の法衣を着するゆえに、身心ともに僧宝の一分に加わり」云々。

つまり、一般の坊主までも〝法衣を着ているからオレたちは僧宝なんだ〟と、恥《は》じらいもなく、ふんぞり返っているのだ。

謗法まみれ、遊戯雑談《ゆげぞうだん》、腐敗堕落《ふはいだらく》の日顕や宗門坊主らが、法衣を羽織《はお》っただけで「僧宝」になるとは、なんと幼稚《ようち》な論理《ろんり》だろうか。

大聖人は、日顕のような、袈裟《けさ》を被《かぶ》るだけの〝似非《えせ》〟聖職者を厳しく断じている。

「袈裟を著《ちゃく》すと雖《いえど》も猶《なお》猟師《りょうし》の細《ほそ》めに視《み》て徐《しずか》に行くが如《ごと》く猫の鼠《ねずみ》を伺《うかが》うが如し」（立正安国論、21ページ）

「法師の皮を著《き》たる畜生」（松野殿御返事、1386ページ）

なお、広義の意味においては、僧俗の区別なく、広宣流布《こうせんるふ》の実践に励《はげ》む人を「僧宝」と呼ぶことがある。

しかし、〝広義《こうぎ》の僧宝〟の要件は、あくまで、大聖人の御遺命《ごゆいめい》通りに仏道修行の実践に励《はげ》んでいるかどうかだ。

折伏もやらず、勤行もサボる。信徒の供養で、芸者遊び、温泉豪遊《おんせんごうゆう》に耽《ふけ》る。日顕のような堕落坊主は、広い意味においても、僧宝に該当《がいとう》しない。日顕宗は、仏法とは無《む》縁《えん》の邪教団なのである。

日顕宗とは対照的に、「三宝」を正しく伝持《でんじ》し、弛《たゆ》まざる折伏弘教によって、仏法を世界中に弘めてきた創価学会が〝広義の

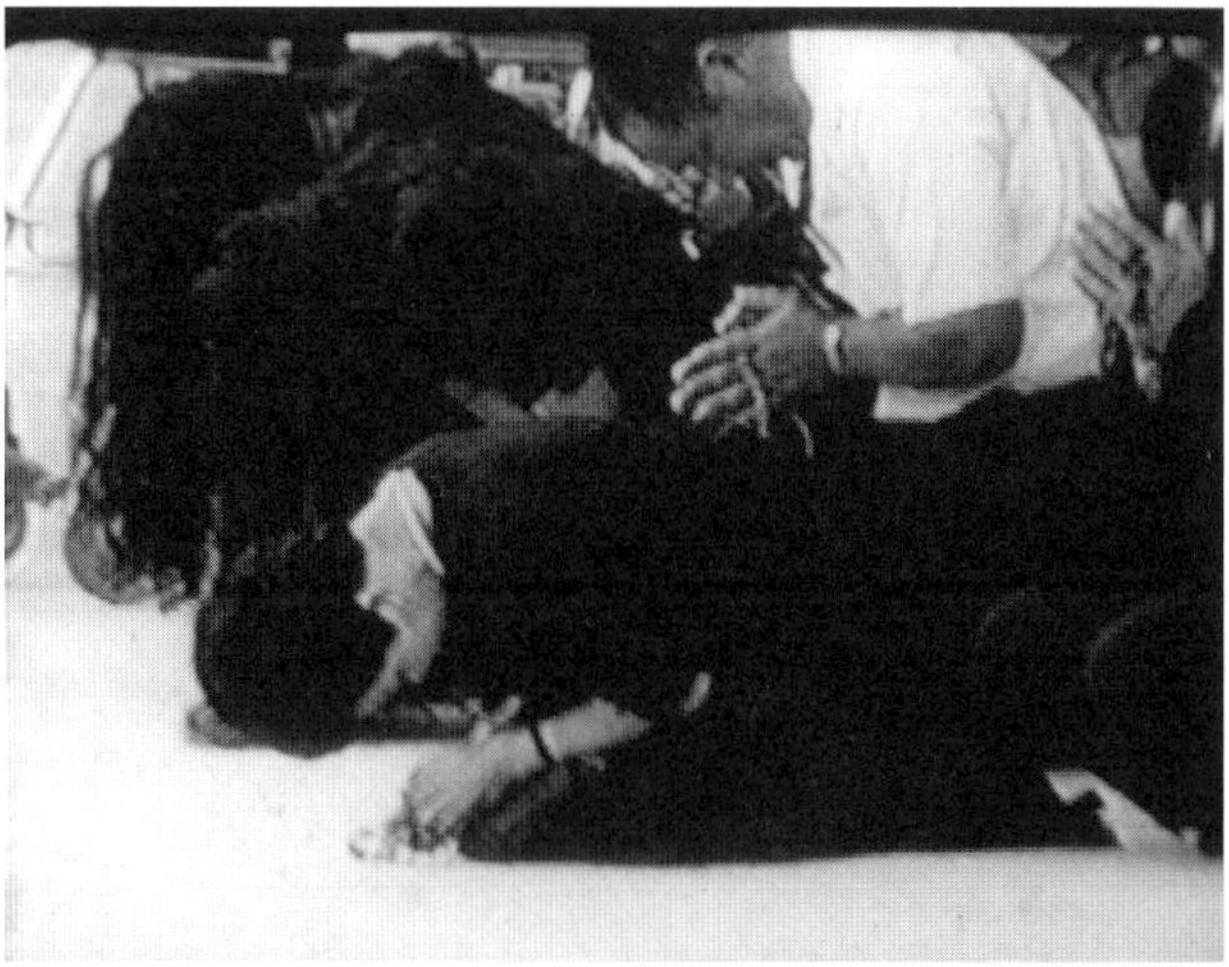

地べたにすわりこみ日顕に伏せ拝をする法華講員（TBSテレビから）

僧宝〟にあたることは、言うまでもない。

増上慢《ぞうじょうまん》の極《きわ》み　先師の指南《しなん》に違背《いはい》

日顕宗の「ニセ三宝論《さんぽう》」が、いかにデタラメか。それは、過去の日顕自身の発言を見ても明らかだ。「C作戦」前は、日顕自身も、通常の認識に基《もと》づいていた。

「僧宝として尊敬するお方は二祖日興上人ただお一人ということになっておるのであります。その故に、歴代の上人以下、一般の僧侶については、あえて僧宝とは申しません（中略）自分から進んで『僧宝なんだからもっと尊敬しろ』というようなことを思ったならば、やはりこれは間違いでありますす」（１９８０年〈昭和55年〉３月28日、在勤式得度式祝賀会）

「大石寺の基本教学はあくまで日興上人を僧宝と立てる」（81年〈同56年〉８月25日、全国教師講習会）

「歴代法主は僧宝以下の立場であって、それを軽々しく仏様だ、仏様だというような表現は、少し言い過ぎである」（83年〈同58年〉３月31日、非教師指導会）

前述の「解散勧告書《かいさんかんこくしょ》」での言い分とは、まったくの正反対。呆《あき》れた自語相違《じごそうい》である。

さらに、日顕宗の邪義《じゃぎ》は、歴代法主とも完全に相反《あいはん》している。

たとえば、66世・日達《にったつ》法主は、「三宝」の意義について、こう述べている。

「我が宗の三宝は、御本尊が法宝、大聖人が仏宝、日興上人が僧宝と立てます。それに対して日目《にちもく》上人は座主《ざす》である（中略）管領《かんりょう》という意味を持っていくのである。統《す》べ治《おさ》める、そして統治《とうち》をしていく。その日目上人の後は、みな筒の流れのように、それを受継いでいくにすぎない」（77年〈同52年〉5月、寺族同心会）

「代々の法主が日蓮大聖人ではない。大聖人そのものと間違って書かれてよく問題が起きますが、その点ははっきりしてもらいたい」（同）

つまり、日目上人以降、法主というのは、あくまで宗門を統治する者であり、正しい「三宝」を伝え、引き継いでいく存在に過ぎない、との立場を鮮明《せんめい》にしている。

そして重要なのは、〝代々の法主は日蓮大聖人ではない〟と明確に断言していることだ。これを曲解《きょっかい》すると〝よく問題が起きる〟と日達法主が指南していたにもかかわらず、その弟子である日顕が、自《みずか》らそれを破っているのだから、増上慢《ぞうじょうまん》の極みではないか。

法宝＝大御本尊を〝偽物《にせもの》〟と断定

日顕は、「僧宝」である日興上人に取って代わり、自分が「僧宝」であると言い張った。

これはもはや「僧宝」の破壊《はかい》である。

それどころか、一歩踏《ふ》み込んだ日顕は、「学会が、時の法主を『尊信《そんしん》の対象ではない』などと貶《おとし》めることは、三宝《さんぽう》一体の深義《しんぎ》を指南された大聖人、日興上人に背《そむ》く大謗法《ほうぼう》、と言うべき」（1997年〈平成9年〉8月、教師講習会）とまで言い出した。

要は、「三宝一体」という言葉を持ち出し、自分が「僧宝」であるのみならず、「仏宝」「法宝」と同等であると強弁《きょうべん》したのである。

また、別の高僧は、「御書《ごしょ》部分論」とも言うべきこんな邪説を垂れ流した。

〝御書は大聖人の法門の部分であり、全体は相伝を受けた御法主上人が所持している〟つまり、御書は、大聖人の法門の一部分で、すべての法門を所持しているのは法主だけだというのだ。

これは、「当門流に於《お》いては御書を心肝《しんかん》に染め」（日興遺誡置文《ゆいかいおきぶみ》、1618ページ）と、「御書根本」を遺誡された日興上人に、真っ向から反する邪義《じゃぎ》である。御書にこそ、法門の根幹が凝縮《ぎょうしゅく》されている。

そして、「法宝」である大御本尊については、本書第2章において詳しく紹介したように、日顕は、こともあろうに、大御本尊を筆跡鑑定にかけたうえ、〝偽物〟と断定する大事件を起こした。

学会に対し、〝三宝を改変した〟〝三宝破壊だ〟などと、いわれなき誹謗《ひぼう》を浴びせてきた日顕宗だが、都合よく「僧宝」を改ざんし、「仏宝」である大聖人を軽んじ、「法宝」である大御本尊を〝偽物〟呼ばわりしてきたのは、他《ほか》でもない日顕自身ではないか。

こうした事実に照らせば、日顕こそが三宝破壊の張本人であり、元凶《げんきょう》であることは明々白々。

「若《も》し善比丘《ぜんびく》あつて法を壊《や》ぶる者を見て置いて呵責《かしゃく》し駈遣《くけん》し挙処《こしょ》せずんば当《まさ》に知るべし是の人は仏法の中の怨《あだ》なり、若し能《よ》く駈遣し呵責し挙処せば是れ我が弟子・真の声聞《しょうもん》なり」

（立正安国論、26ページ）

法を破り、「ニセ三宝論」で信徒を騙《だま》す日顕宗の悪を、呵責し、駈遣し、挙処していくことは、真の仏弟子である私たちの責務といえる。

❸ 法主絶対論《ほっす》——信徒に服従《ふくじゅう》を強《し》いる邪義《じゃぎ》

御聖訓

設《たと》い天台の釈《しゃく》なりとも釈尊の金言に背《そむ》き法華経に背かば全く之《これ》を用ゆ可《べ》からざるなり
（立正観抄、５２８ページ）

時の貫首《かんず》為《た》りと雖《いえど》も仏法に相違して己義を構えば之を用う可からざる事
（日興遺誡置文《ゆいかいおきぶみ》、１６１８ページ）

自分の権威を高めるために、「血脈」や「三宝《さんぽう》」まで改ざんしてきた阿部日顕。その究極が、法主への絶対服従を強要する「法主絶対論」だ。しかし、この「法主信仰」ともいうべき主張は、日興上人が〝貫首の己義を用いるな〟と厳命された「日興遺誡置文」に完全に違背《いはい》する。ましてや、日顕のごとき謗法《ほうぼう》まみれ、遊興三昧《ゆうきょうざんまい》の極悪僧など、誰がまともに〝御本仏〟と仰ぐというのか。日顕宗の邪義の極めつけ、「法主絶対論」を破折《はしゃく》する。

御本尊を軽視、大聖人《だいしょうにん》を蔑視《べっし》

1990年（平成2年）の暮れに「C作戦」を発動して以来、悩乱《のうらん》した日顕があからさまな「法主絶対論」を唱えだしたのは、91年（同3年）7月のことだった。

創価学会が、宗門に服従するどころか、逆に、坊主らの腐敗堕落《ふはいだらく》ぶりを追及してきたことに、業《ごう》を煮《に》やした宗門は、宗内最上位にあたる「能化《のうけ》」の坊主名で、次のような文書を学会側に送りつけてきた。

「唯授一人《ゆいじゅいちにん》の血脈の当処《とうしょ》は、戒壇《かいだん》の大御本尊と不二の尊体《そんたい》にまします（中略）この根本の二つ（＝大御本尊と法主）に対する信心は、絶対でなければなりません」（91年〈平成3年〉7月31日付）

言うに事欠き、法主が「大御本尊と不二の尊体《そんたい》」とは、何様のつもりであろうか。

同じ頃、宗門の機関誌では、法華講幹部に、日顕のことを「現代における大聖人様」（「大日蓮」同年6月号）とも呼ばせているが、御本尊軽視《けいし》、大聖人蔑視《べっし》も甚《はなは》だしい、大増《だいぞう》上慢《じょうまん》の邪義《じゃぎ》である。

その後も、宗門の「法主絶対論」は、ますますエスカレート。

その年の8月に行われた行学講習会では、「C作戦」に関与した日顕の側近《そっきん》、福田毅道《きどう》（元海外部書記）から、現・法主が「本《ほん》」で日蓮大聖人は「迹《しゃく》」に過ぎない、などと「顕本《けんぽん》仏迹《ぶっしゃく》論」とも言うべき大暴論まで飛び出した。

さらに、97年（平成9年）8月の教師講習会では、日顕自《みずか》ら、〝どんな僧侶でも相承《そうじょう》を受けた以上は「生身《しょうしん》の釈迦日蓮」であり誹謗《ひぼう》すると地獄に堕《お》ちる〟などと大勢の坊主の前で言い放ったのである。

要は、〝法主は絶対なんだから、黙ってワシに従《したが》え！〟と言いたいのだろうが、この言い分は、これまでも検証してきたように、「歴代法主は僧宝以下の立場」「代々の法主が日蓮大聖人ではない」という、かつての日顕自身の発言や、先師の指南にも違背《いはい》しており、完全なる自語相違《じごそうい》、先師違背である。

仏法破壊《はかい》の邪師《じゃし》は信用するな！

そもそも、仏法の根本は「法」である。

釈尊は、仏法を学ぶうえで惑《まど》わされないよう「法の四依《しえ》（依《よ》りどころとする四種類の法）」を説き遺《のこ》している。

その第一が「依法不依人《えほうふえにん》」、すなわち「法に依って人に依らざれ」という誡《いまし》めである。仏滅後、日顕のごとき、仏法破壊の悪侶の出現《しゅつげん》を予測されておられたのであろう。仏道修行にあっては、あくまでも仏の説いた「法」「経」を根本とし、人師《にんし》・論師《ろんし》に左右されてはならないと厳命されているのだ。

この「依法不依人」については、大聖人も次のように仰《おお》せである。

「仏の遺言《ゆいごん》に依法不依人と説かせ給《たま》いて候《そうら》へば経の如くに説かざるをば何《いか》にいみじき人なりとも御信用あるべからず」（唱法華題目抄、9ページ）

経論にない邪説を説いたならば、どんなに立派にみえる人物だとしても信用してはならないとの御教示である。

さらに決定的なのが、次の一節。

「設《たと》い天台の釈《しゃく》なりとも釈尊の金言に背き法華経に背かば全く之《これ》を用ゆ可《べ》からざるなり」（立正観抄、528ページ）

事実、大聖人は、法華経を継ぐべき天台宗の座主《ざす》であったにもかかわらず、真言密教に傾倒《けいとう》して天台宗を堕落させた者について、「百千万億倍・信じがたき最大の悪事」（撰時抄、279ページ）、「いのち《命》をまと《的》に・かけてせめ候なり」（報恩抄、308ページ）と60編以上もの御書《ごしょ》の中で、破折《はしゃく》されている。

御本仏を蔑《ないがし》ろにして、〝黙ってワシに従え！〟と「法主信仰」を説く日顕など、大聖人が許されるはずがないのである。

この釈尊、大聖人に貫《つらぬ》かれた「依法不依人」の精神は、二祖・日興上人によって、「二六の掟《おきて》」として永遠に留《と》め置かれたはずであった。

すなわち、

「時の貫首《かんず》為《た》りと雖《いえど》も仏法に相違して己義《こぎ》を構えば之を用う可からざる事」（日興遺誡置文《ゆいかいおきぶみ》、1618ページ）

仏法違背《いはい》の己義を構える法主は決して用いてはならないとの遺言である。

さらに日興上人は、次のように自戒《じかい》されていたとも伝えられている。

「予《よ》が老耄《ろうもう》して念仏など申さば相構《あいかまえ》エて諫《いさ》むべきなり、其《そ》レも叶《かな》はずんば捨つべきなり」

（「大石記」）

親修先のブラジルでは、豪華ホテルのプールで水泳に興じる日顕（1983年）。これのどこが本仏なのか

もし私（日興上人）が年老いて感覚が鈍《にぶ》り、念仏などを口にしたならば、必ず諌めなさい。それでも私が言うことを聞かなければ、私を捨てなさい――あくまでも「法」を根本とする日興上人の崇高な姿勢は、本仏気取りで、〝自分に従え〟〝自分が絶対〟などと威張《いば》り散らし、やみくもに〝伏《ふ》せ拝《はい》〟を強いる日顕とは、まったくの対極にある。

釈尊、宗開両祖《しゅうかいりょうそ》の教えに照らして、日顕の説く「法主絶対論」は、明らかに邪義なのである。

無能な者こそ自身を権威付ける

なぜ「法主絶対論」のような妄説《もうせつ》が跋扈《ばっこ》するのか？――興味深い分析がある。

「宗門の歴史において『法主絶対論』がしきりに唱えられた時が何度かあります。結論からいうと、それは法主自身に信頼性がおけない場合に、それを隠すための方策でありました」（東洋哲学研究所研究員、小林正博氏）

その具体例として挙げているのが、室町時代の12世・日鎮で、「この法主は、わずか十四歳で法主となった『稚児《ちご》法主』でした。この少年法主の権威を理論面で支えるために『法主本仏論』が唱えられました」と紹介。

その他、江戸時代、法主を京都・要法寺《ようぼうじ》系からスカウトせざるを得なかった17世・日精《にっせい》から次の日舜《にっしゅん》へのドタバタについても、「新法主日舜に対する批判を封じるために使ったのが、同じく法主絶対の論理だった」と述べている。

そもそも、誰が見ても如説修行《にょせつしゅぎょう》の立派な僧侶であれば、ことさら自《みずか》らを権威づけし、服従を強いる必要などまったくない。

ところが日顕の場合は、肝心《かんじん》の仏道修行はそっちのけ。大御本尊を偽物《にせもの》と断じ、嘘と謀《ぼう》略《りゃく》で猊座《げいざ》を奪い、創価学会を破門。そのうえ、大客殿や正本堂など先師の事蹟をすべて破《は》壊《かい》しているのだから、どうあがいても尊敬されるはずがないのである。

「師なりとも誤《あやまり》ある者をば捨つべし」（曾谷殿御返事、1055ページ）との御金言通り、宗門史上最低最悪の極悪坊主は、徹底して責め抜くことこそ、大聖人の御遺命《ごゆいめい》にかなう大事な仏道修行なのである。

こんな法主も「御本仏」なの!?
——歴代法主にみる〝誤〟本仏列伝

17世　日精

日興上人が、「釈迦仏像の造立《ぞうりゅう》・安置《あんち》」を厳しく禁じられていたにもかかわらず、日精は、仏像の造立を行い、それを拝んだ。59世・日亨《にちこう》法主をはじめ、歴代法主は、日精の謗法を糾弾《きゅうだん》してきたが、日顕だけは擁護《ようご》している。

57世　日正

天皇から他宗の開祖に「大師号《だいしごう》」が与えられていたことから、1921年（大正10年）頃、日蓮系でも、大聖人に「大師号」をもらおうという運動が起きた。そうした動きに便《びん》乗《じょう》し、同調したのが日正である。これには宗内からも、「（大聖人は）日本国の柱を自認された御方である。なのになぜいまさら、空海の弘法大師はもちろんのこと、親鸞《しんらん》や法然《ほうねん》などと同じ大師号の仲間入りをする必要があるのか」（「大日蓮」22年〈大正11年〉11月号要旨）と、他宗に迎合《げいごう》する日正に対して猛反発が起きた。

58世　日柱

58世・日柱時代には、時の法主が宗内から不信任案を決議され、辞職勧告《じしょくかんこく》まで出された。法主に信伏随従《しんぷくずいじゅう》どころか法主を引きずり降《お》ろしたわけだが、その日柱おろしのクーデターを企てたのは、日顕の父である60世・日開《にちかい》だった。創価学会が出現《しゅつげん》する以前の宗内では、血脈相承《そうじょう》をめぐり、政界顔負けの醜い権力闘争が巻き起こっていたのだ。

61世　日隆

女性問題を頻発《ひんぱつ》。総監《そうかん》をしていた頃は、若い芸妓に入れ込み、寺の財産まで使い込み背任罪に問われる。その醜態《しゅうたい》は、一般紙でも、〝妄狂《めかけぐる》い〟などと報じられた。こんな男でも、法主になれば、たちまち〝大聖人と同じ〟だというのか。

62世　日恭

軍部政府に迎合し、牧口初代会長や信徒に〝神札を祀《まつ》れ〟と強要する大謗法《ほうぼう》を犯し、後に大石寺の火災で焼死した（１９４５年〈昭和20年〉６月）。護法の精神など微塵《みじん》もない日恭のどこに「大聖人の魂《たましい》」が宿っているのであろうか。

❹僧俗差別《そうぞくさべつ》

御聖訓

此《こ》の世の中の男女僧尼《そうに》は嫌《きら》うべからず法華経を持《たも》たせ給う人は一切衆生のしう《主》とこそ仏は御《ご》らん候《そうろう》らめ（四条金吾殿女房御返事、1134ページ）

僧も俗も尼も女も一句をも人にかたらん人は如来の使《つかい》と見えたり（椎地《しいじ》四郎殿御書、1448ページ）

法主《ほっす》の絶対化や血脈の私物化がまかり通る日顕宗。その根底に深く巣食っているのが、「僧侶が上、信徒は下」という差別主義である。しかし、この時代錯誤《さくご》も甚《はなは》だしい特権意識は、僧俗はもちろんのこと、一切衆生の平等を説かれた日蓮大聖人の仏法とは、正反対の邪義《じゃぎ》である。

日顕にとって信徒は〝カネのなる木〟

人種《じんしゅ》・民族《みんぞく》、性別《せいべつ》、身分《みぶん》、職業等々、ありとあらゆる分野で差別の解消《かいしょう》、撤廃《てっぱい》が潮流《ちょうりゅう》となっている現代にあって、これほど声高《こわだか》に〝差別〟を強調する教団が他に存在するであろうか？

1990年（平成2年）、広布破壊《はかい》の謀略《ぼうりゃく》「C作戦」を皮切《かわき》りに、日顕宗の差別主義が、次々と浮《う》き彫《ぼ》りになった。

たとえば、当時の宗門の公式文書には、以下の通り、信徒を見下す差別主義が繰り返し主張されている。

「僧俗《そうぞく》がまったく対等の立場にあるように言うのは、信徒としての節度《せつど》・礼節《れいせつ》をわきまえず、僧俗の秩序《ちつじょ》を失《うしな》うものである」（90年〈平成2年〉12月、宗門から学会に送られた「お尋《たず》ね」文書）

「僧俗には大聖人の仏法に即した本来的な差別が存するのは当然」（91年〈同3年〉1月、当時の総監《そうかん》・藤本日潤から学会に送られた文書）

「僧俗平等、僧俗対等などと主張することは、信徒として仏法の位階《いかい》をわきまえない大増《ぞう》

上慢《じょうまん》」（同）
「僧俗師弟義を蔑《ないがし》ろにすれば（中略）師敵対《してきたい》の大謗法罪《だいほうぼうざい》によって、必ず地獄に堕《だ》します」
（同年11月、解散勧告書《かいさんかんこくしょ》）

僧俗平等を主張することが「増上慢」だの「師敵対の大謗法」だのと、よくぞここまで明からさまに〝差別〟に固執《こしゅう》できたものである。

こんな常識外《はず》れの主張をすれば、かえって社会から遊離《ゆうり》し、法を下げることになると気づかないのであろうか。

現に、こうした日顕宗の差別主義には、識者からも、
「衣《ころも》の権威にすがろうとする宗門の姿は、第三者の眼には滑稽《こっけい》としか映らない」
「彼らが時代錯誤の差別的思考の持ち主だということの証明」
「仏教史上、稀有《けう》の邪論《じゃろん》というべき」

等々、次々と批判の声が寄せられた。

さらに世間《せけん》を慄然《りつぜん》とさせたのが、テレビでも報道された、91年（平成3年）8月の教師講習会での〝カマシ発言〟だ。

「（信者が）信心がいやになろうが、何しようが、そんなことは関係ないんだ（中略）下らないことを言ってはダメだってことを、頭からカマシてやればいいんだ、そんな者に対し

ては」

「Ｃ作戦」が思うように進まず、よほど苛立《いらだ》っていたのであろうが、信者を教導《きょうどう》する立場にありながら、〝信者が信心をいやになろうが関係ない〟とは何ごとか。ましてや〝頭からカマシてやれ！〟などという暴言は、人を救うべき宗教者の使う言葉では、絶対にない。

日顕が信者をどう見ていたか、端的《たんてき》にわかるのが、「Ｃ作戦」を発動する際に漏《も》らした次の発言。

「本山に20万人つければいい」

なんと日顕は、学会を切る際、信者が20万人いれば自分たちの贅沢《ぜいたく》な暮らしを保証できると、広宣流布そっちのけで〝皮算用《かわざんよう》〟をしていたのだ。

要するに、日顕にとって信者とは、供養搾取《さくしゅ》の対象であり、自分たちの生活の糧《かて》、〝カネのなる木〟に過ぎないのである。

仏法を語る人は皆〝如来《にょらい》の使い〟

日顕宗が「僧俗差別」を主張する際、その根拠として引用《いんよう》する唯一の依文《えもん》が「諸人御返事」の一節だ。

「所詮《しょせん》真言・禅宗等の謗法《ほうぼう》の諸人等を召《め》し合《あわ》せ是非《ぜひ》を決せしめば日本国一同に日蓮が弟子檀那《だんな》と為《な》り、我が弟子等の出家は主上・上皇の師と為らん在家《ざいけ》は左右の臣下に列《つら》ならん」（諸人御返事、1284ページ）

しかし、この御文の趣旨《しゅし》は、広宣流布の時には、大聖人門下が、それぞれ重要な立場で活躍するということを、当時の慣例《かんれい》に即して説かれたものである。

あくまでも「役割」の問題であって、「僧侶が上、信徒は下」という上下関係を言われたものでは、決してない。

仮に、この一節を依《よ》りどころにして「僧が師匠」「僧が上」と言いたいならば、御文に仰《おお》せの通り、自分自身が少しでも「師匠」らしい振る舞いをしたらどうなのか。ところが実際には、「遊び」と「暴力」と「金もうけ」以外、何一つ信徒より勝《すぐ》れたものなどないではないか。

しかもである。大聖人は、「僧俗差別」どころか、むしろ〝平等〟について、御書《ごしょ》のいたるところで明快《めいかい》に説かれている。

「法華経の行者は日月《にちがつ》・大梵王《だいぼんのう》・仏のごとし（中略）此の世の中の男女僧尼《そうに》は嫌《きら》うべからず法華経を持《たも》たせ給う人は一切衆生のしう《主》とこそ仏は御《ご》らん候《そうろう》らめ」（四条金吾殿女房御返事、1134ページ）

法華経の行者は、皆が仏であり〝男女僧尼〟の区別などない。

さらに大聖人は、「法師品《ほっしほん》には若是善男子善女人乃至則如来使《にゃくぜぜんなんしぜんにょにんないしそくにょらいし》と説かせ給いて僧も俗も尼も女も一句をも人にかたらん人は如来の使と見えたり」（椎地《しいじ》四郎殿御書、1448ページ）とも仰せである。

勇気を持って仏法を語る人は、僧も俗も関係なく皆〝如来の使い〟である、との御教示だ。自分は動かず楽をして、信徒から供養をむしり取るような者は〝如来の使い〟でも何でもない。

戸田第2代会長が、

「折伏もしないで折伏する信者にケチをつける坊主は糞《くそ》坊主だ」

「尊敬される資格もないくせして大聖人の御袖《おそで》の下にかくれて尊敬されたがって居る坊主は狐《きつね》坊主だ」

「御布施ばかりほしがる坊主は乞食《こじき》坊主だ」（1951年〈昭和26年〉5月、寸鉄）と糾弾《きゅうだん》された通り、〝糞坊主〟〝狐坊主〟〝乞食坊主〟の類《たぐ》いである。

そもそも、仏が出現《しゅつげん》した目的は何か。

それは「如我等無異《にょがとうむい》（我が如く等しくして異なること無からしめん）」、すなわち、一切衆生を自分と同じ仏の境涯に至らしめるためである。

大聖人は、「如我等無異とて釈迦同等の仏にやすやすとならん事疑《うたがい》無《な》きなり」（御講聞書、817ページ）と仰せである。

題目を唱えれば釈尊と同じく仏になることは疑いない。差別どころか誰もが仏と〝同等〟と、御教示されている。

また、大聖人はこうも仰せである。

「旃陀羅《せんだら》が家より出《いで》たり」（佐渡御書、958ページ）、「民が子にて候」（中興入道消息、1332ページ）と、ご自身が、地位も名誉もない一庶民であることを誇り高く宣言されているのだ。

自分が法主《ほっす》の子であることを鼻にかけ、〝現代の大聖人〟気取りで信徒に〝伏せ拝〟までさせて悦《えつ》に入《い》っている日顕とは大違いだ。

「如我等無異」の精神からわかるとおり、「差別」とは対極《たいきょく》、「万人平等」こそが日蓮大聖人の仏法思想の根幹なのである。

完全に破たんした〝僧侶主導〟

日顕の卑《いや》しい本音と野心を語る上で欠かせないのが、法主になって以来、〝基本方針〟

として掲げてきた「祖道《そどう》の恢復《かいふく》」である。

「祖道」とは、宗開両祖《しゅうかいりょうそ》の御精神ならびに歩まれた道である。しかし、「祖道」といえば聞こえはいいが、これまで見てきたとおり、日顕の言う「祖道」が大聖人の御精神とは似ても似つかぬ代物《しろもの》であることは明白。

日顕が憧《あこが》れているのは間違いなく、僧侶による信徒支配が社会的にも当たり前だった江戸時代の「檀家制度《だんかせいど》」なのである。

また、「恢復」という言葉自体に、これまでの宗門には祖道が失われていたので、自分が〝中興《ちゅうこう》の祖《そ》〟となって、宗門を復興するのだという〝野心〟が込められている。

この「祖道の恢復」とともに、「C作戦」発動後、日顕が新たに唱え始めたのが「僧侶主導の広宣流布」である。

日顕の狙《ねら》いはこうだ。

「祖道の恢復」に名を借りて、それまで学会と僧俗和合で進んだ歴代法主を否定し、坊主中心、いや、自分が〝独裁者《どくさいしゃ》〟として君臨《くんりん》できる世界を作ろうと目論《もくろ》んでいたのである。

しかし、この「僧侶主導の広宣流布」という考え自体、実は、「観心本尊抄」の次の一節に矛盾《むじゅん》する。

「此《こ》の四菩薩《ぼさつ》折伏を現《げん》ずる時は賢王と成つて愚王《ぐおう》を誡責《かいしゃく》し摂受《しょうじゅ》を行ずる時は僧と成つて正

法を弘持《ぐじ》す」（観心本尊抄、254ページ）

大聖人は、折伏の時は、地涌の菩薩が在家の実力者（賢王）となって悪しき権力者を誡《いまし》めていく、そして摂受を行ずる時は僧侶となって法を弘持する、と明言されている。

筋金入《すじがねい》りの「僧俗差別」主義者の日顕は、果たしてこの御文をどう解釈《かいしゃく》するのか。

地涌の菩薩が在家の身として顕れる〝折伏〟の時に、それでもなお、なんとかの一つ覚えで、「僧侶が上、信徒が下」などといって見下すのであろうか。

ちなみに、日顕が相承を譲り受けたと言い張る前任者の日達《にったつ》法主は、この一節を引いて、「池田会長は四菩薩の跡を継ぎ、折伏の大将として広宣流布に進軍しております」（「大白蓮華」1964年〈昭和39年〉1月号）と賛嘆《さんたん》している。

その先師の言葉を裏切り、さらには大聖人の「観心本尊抄」の御金言を蔑《ないがし》ろにし、仏意《ぶつい》仏勅《ぶっちょく》の学会を切った日顕宗は、「祖道の恢復」どころか、祖道を〝破壊《はかい》〟した魔軍なのである。

❺御本尊

御聖訓

一念三千を識《し》らざる者には仏・大慈悲を起《おこ》し五字の内に此《こ》の珠《たま》を裹《つつ》み末代幼稚《まつだいようち》の頸《くび》に懸《か》けさしめ給《たま》う

（観心本尊抄、２５４ページ）

学会が授与する日寛上人書写の御本尊を偽物《にせもの》呼ばわりして冒《ぼう》とくする日顕宗。しかし、その理由は何一つ根拠のない言いがかりにすぎない。「法主の許可がない」「開眼《かいげん》がない」「本山から下付されていない」など、すべて御書《ごしょ》のどこにもない低レベルな難癖《なんくせ》ばかり。そもそも、「信心の血脈」なき〝ニセ法主〟であり、広布破壊《はかい》の〝天魔《てんま》〟である日顕、日如に、御本尊云々と論ずる資格などあるはずがない。

〝最後の切り札〟の御本尊下付《かふ》停止も失敗

「一念三千を識《し》らざる者には仏・大慈悲を起《おこ》し五字の内に此《こ》の珠《たま》を裹《つつ》み末代幼稚《まつだいようち》の頸《くび》に懸《か》けさしめ給《たま》う」（観心本尊抄、254ページ）

この「観心本尊抄《かんじんのほんぞんしょう》」の御金言通り、日蓮大聖人は、末法の一切衆生《いっさいしゅじょう》を救済《きゅうさい》するべく御本尊を御図顕《ごずけん》された。

ところが冷酷無慈悲《れいこくむじひ》な日顕は、その万人《ばんにん》の幸福のための御本尊を、広布破壊《はかい》の謀略《ぼうりゃく》「C作戦」で、信徒支配のために悪用したのである。

法主《ほっす》の権威・権力を恣《ほしいまま》に、学会を破門。それまで、宗門から末寺を通じて行われていた新入会者への御本尊下付を停止する暴挙《ぼうきょ》に及《およ》んだ。

学会員の純粋な信仰心を逆手《さかて》に取り、もし御本尊が欲しいならば、学会を離れて宗門の軍門《ぐんもん》に下るよう御本尊を〝踏《ふ》み絵《え》〟に脱会を迫ったのである。

しかし、そんな卑劣《ひれつ》で姑息《こそく》な謀略《ぼうりゃく》で、仏意仏勅《ぶついぶっちょく》の創価の大前進を止められるわけがなかった。

1993年（平成5年）6月、大聖人違背《いはい》の日顕宗から離脱した僧侶より、以下の通り、御本尊に関する「申し出書」が、学会本部に寄せられた。

「広宣流布《こうせんるふ》への信心を貫《つらぬ》いている創価学会の皆様こそ、真に一閻浮提総与《いちえんぶだいそうよ》の大御本尊を拝する資格を持った正信と求道の方々であると確信するのであります。（中略）私は、開基《かいき》六百九十年の古刹《こさつ》・当浄圓寺《じょうえんじ》に御宝物として所蔵しております、二十六世日寛《にちかん》上人御書写（享保五年）の由緒《ゆいしょ》ある『御本尊』を学会員の皆様にお形木《かたぎ》御本尊として授与していただくことが、最良最善の道であり、大聖人様が最もお喜びになられると確信するに至った次第であります。

この旨《むね》、日蓮正宗改革同盟の同志にも諮《はか》り、全員の賛同を得ることができましたので、ここに貴会に対して願い出るものであります」

日寛上人といえば、御本尊について、「この本尊を信じて南無妙法蓮華経と唱うれば、則《すなわ》ち祈りとして叶《かな》わざるなく、罪として滅せざるなく、福として来《きた》らざるなく、理として顕れざるなきなり」（観心本尊抄文段）と断言され、宗門においても「中興《ちゅうこう》の祖《そ》」と仰《あお》がれる法主である。

その日寛上人が、享保5年に書写された御本尊を「御形木《おかたぎ》御本尊」（御本尊を版木に刻み、あるいは写真製版等にして印刷された御本尊）として、ぜひとも学会員に授与していただきたい旨の「申し出」であった。

「改革同盟」「青年僧侶改革同盟」の総意《そうい》による真心あふれる提案を受けて、93年（平成5年）9月、学会として、日寛上人御書写の「御形木御本尊」を、全世界の会員に授与していくことを決議するに至った。

こうして学会は、広宣流布を阻《はば》む邪教・日顕宗の〝鉄鎖《てっさ》〟を断ち切り、大聖人の御遺命《ごゆいめい》を果たしている唯一《ゆいいつ》の和合僧団《わごうそうだん》という資格において、御本尊授与を開始。

「平成の宗教改革」は一段と進み、広宣流布の新時代の幕開《まくあ》けを迎えたのである。

御書《ごしょ》のどこにもない邪義《じゃぎ》、邪説

御本尊下付《かふ》の停止という〝最後の切り札〟が破たんした日顕は、学会の御本尊授与を地《じ》団駄踏《だんだふ》んで悔《くや》しがり、機関紙の号外まで発行して、学会が授与する日寛上人の御本尊を「偽物《にせもの》」呼ばわりして冒《ぼう》とくした。

妄説1 法主の許可が必要？

その難癖《なんくせ》の第一が〝「法主の許可」が必要〟というもの。

しかし、御本尊に「法主の許可」がいるなどということは、御書のどこにも書かれていない邪義《じゃぎ》である。

「法主の許可」などと偉《えら》そうにふんぞり返っているが、そもそも日顕自身、前代の日達《にったつ》法主から法主になる〝許可〟すらもらっていない正真正銘《しょうしんしょうめい》の〝ニセ法主〟ではないか。

〝ニセ法主〟と言われていまだに何の反論もできない哀《あわ》れな日顕。〝御本尊の許可〟を語る前に、相承《そうじょう》があったという事実を証明してもらいたいものである。

妄説２　法主による「開眼《かいげん》」が不可欠？

「法主の許可」とは別に、日顕宗では、すべての本尊が、法主による「開眼」を受けなければ功徳はない、などと主張している。〝開眼は法主に限る〟というのも、御書には一切ない。いわんや広布破壊《はかい》の天魔《てんま》・日顕の開眼など論外である。

大聖人は、「今末法に入つて、眼とは所謂未曾有《みぞう》の大曼荼羅《だいまんだら》なり、此の御本尊より外《ほか》には眼目無きなり」（御講聞書、８４１ページ）と仰《おお》せである。御本尊そのものが、大聖人の魂魄《こんぱく》がとどめられた仏の眼目であり根本なのである。要するに、〝御本尊を開眼せよ〟などとは、まったく仰せではないのである。

妄説3　本山からの下付でないと功徳はない？

「本山から下付された本尊でなければ功徳はない」というのも日顕宗の常套句《じょうとうく》。しかしこれも、真っ赤なウソ。以下の通り史実を見れば、本山を通さずに信徒に本尊を下付してきた事例は数え切れないほどある。

〈昭和初期〉

戦前戦後を通じて、法主の許可や開眼などを経ずに、多くの末寺が、寺に有縁の法主の形木本尊を信徒に直接授与してきた。

たとえば、妙光寺《みょうこうじ》（東京・品川区）は55世・日布、法道院《ほうどういん》（同・豊島区）は56世・日応、常在寺（同）は57世・日正など。

〈1955年《昭和30年》～〉

法道院では、日寛上人が書写された御本尊を印刷していた。そればかりか、同寺では、本尊の表装《ひょうそう》、さらには発送まで行われた。

〈65年《昭和40年》～79年《同54年》〉

日達法主が書写した御本尊を法道院で印刷していた。また、表装《ひょうそう》、発送も同寺で行った。

〈79年《昭和54年》以降〉

日顕が法主になった79年以降も、「開眼」などなかった。

実際に当時、本山で御本尊の管理に携わる「内事部第三課」という部署に所属していた数多くの僧侶が、「日顕が祈念することなどありませんでした」と、明確に証言している。

「法主の許可が必要」「法主による開眼が不可欠」「本山から下付されていない」——以上のように、これら3つの妄説《もうせつ》はことごとく論理破たんしている。

日顕宗は、こうした妄説を並べ立てて、〝学会が勝手に御本尊を作っている〟などとデタラメを吹聴《ふいちょう》しているが、そもそも、先述の通り、学会が授与しているのは日寛上人の「御形木《おかたぎ》御本尊」であって、学会が勝手に作った御本尊など、どこにも存在しない。

信心なきニセ法主に授与の資格なし

幼稚《ようち》極まる日顕宗の妄説

妄説1 「法主の許可」が必要

→ **“法師の皮著た畜生”** の許可など不要

妄説2 法主の「開眼」が不可欠

→ **“広布破壊の天魔《てんま》”** の開眼など不要

妄説3 本山の下付でないとダメ

→ **“大謗法の山”** からの下付は不要

「偽物」というなら、日寛上人を冒《ぼう》とくし、御本尊を信徒脅しの道具にした日顕こそ、法主の風上にも置けぬ〝ニセ法主〟である。

さらにいえば、広布破壊《はかい》の〝ニセ法主〟が書写する本尊こそ、正真正銘の〝ニセ本尊〟ではないか。

その証拠に、「法華弘通のはた《旗》じるし」（日女御前御返事、1243ページ）との大聖人の仰せのままに、愚直に、誠実に仏法を弘めてきた学会は、世界中の友と喜々として前進し、発展《はってん》を続けている。

一方、広布に邁進《まいしん》する学会に嫉妬《しっと》し、御本尊下付の停止をはじめ、「C作戦」の謀略《ぼうりゃく》に血道をあげた日顕宗は、没落の坂道を転がり落ちた。

「道理証文よりも現証にはすぎず」（三三蔵祈雨事、1468ページ）と仰せの通り、どちらが、〝広宣流布《こうせんるふ》の旗印〟である御本尊を授与する資格があるかは、明々白々であろう。

本尊書写の指南役《しなんやく》は故・河辺慈篤《かわべじとく》

〝日顕に御本尊書写《しょしゃ》の仕方《しかた》を教えたのはワシだ！〟

これは、日顕の大御本尊「偽物《にせもの》」発言をメモに記していた故・河辺慈篤が、生前、周囲に語っていた発言である。日顕の裏《うら》の裏まで知るこの男は、時に、〝どうもワシが教えたのと違《ちが》う！〟と不満を漏《も》らすこともあったという。河辺にここまで言わせるほど、日顕の御本尊書写はいい加減だったのだ。

実際、日顕が書写した本尊は、「妙楽大師《みょうらくだいし》」の文字が入ったり入らなかったり、「帝釈《たいしゃく》」と記したかと思いきや、「釈提桓因《しゃくだいかんいん》」と書くなど、相貌《そうみょう》が次々と変化している。

ある信徒に下付《かふ》した御本尊には、本来、書かれているはずの「未曾有大曼荼羅也《みぞうのだいまんだらなり》」の一節が抜けていた。

気付《きづ》いた僧侶が日顕に報告すると、驚《おどろ》いたことに日顕は、「本人は気付いているのか。気付いてないならそのまま知らん顔しとけ」と言い放ったという。

それだけではない。「十羅刹女《じゅうらせつにょ》　阿闍世王《あじゃせおう》　大龍王《だいりゅうおう》」をごっそり書き忘れたこともあった。

御本尊を〝法主の専権事項《せんけんじこう》〟とする日顕宗だが、日達《にったつ》法主から相承《そうじょう》を受けていない日顕は、そもそも正しい書写の仕方がわかっていなかったのである。

よほど自分の書写に納得《なっとく》がいかなかったのか、日顕は法主時代、御形木《おかたぎ》本尊を3回、特別御形木本尊を2回も作った。

さらにいい加減《かげん》なのが、御本尊を書写する際の姿勢だ。

日顕は、歴代法主が本尊書写のために使用した大石寺の「書写室」を使わずに、大奥《おおおく》の居間《いま》などで書いていた。

ある時など、日顕の奥番《おくばん》が、役僧《やくそう》の目通《めどお》りを取り次ぎに行ったところ、何と日顕は部屋で落語《らくご》のテープを聞きながら、御本尊を書写していた。

別の日、日顕に来客を伝えに行った際には、書きかけの本尊を机上《きじょう》に放置《ほうち》したまま、日顕が昼寝《ひるね》をしていたという。

大聖人が、「日蓮がたましひ《魂》をすみ《墨》にそめながして・かきて候《そうろう》ぞ」（経王殿御返事、1124ページ）と仰せになり、日興上人が「忝《かたじけな》くも書写し奉《たてまつ》り」（富士一跡門徒存知の事、1606ページ）と仰《おお》せになった御本尊である。

宗開両祖《しゅうかいりょうそ》の御精神を命に刻《きざ》み、〝恐れ多くも〟御本尊を書写させていただくとの、真剣かつ厳粛《げんしゅく》な姿勢こそ、書写に臨《のぞ》むうえで絶対に欠かせぬ心構えのはずである。

ところが日顕の場合、一切衆生救済《いっさいしゅじょうきゅうさい》の深き祈りもなければ、御本尊に対する報恩感謝

歴代法主が使用してきた大石寺の御本尊書写室。日顕は、ここを使わずに、大奥の居間などで書いていた

の心もない。こんなふざけ半分の男に、御本尊を書写する資格などないことは誰の目にも明らかである。

末寺、檀徒《だんと》の謗法《ほうぼう》をいまだに放置《ほうち》

上が上なら下も下。末寺の御本尊の取り扱いもずさんの一言。

たとえば、法道院（東京・豊島区）では、寺の従業員が、仮本堂《かりほんどう》の整理をしていた際、大きな段ボール箱を２つ見つけた。中には御本尊が詰め込まれ、無残《むざん》にもネズミの糞尿《ふんにょう》まみれで箱の底までドロドロになり悪臭《あくしゅう》を放っていたという。

元海外部長の故・尾林日至《にっし》も、常生寺（さいたま市）にいた頃、１５０体もの御本尊を段ボール３箱に詰め込み、倉庫の片隅《かたすみ》に放置したことがある。その後、尾林は妙光寺（東京・品川区）に異動したが、放置したままの御本尊は、黄ばみ、赤茶け、シミだらけだった。

寺の御本尊を焼失《しょうしつ》するという信じがたい事件も起きている。

早瀬義久が泰福寺（愛知・豊川市）の住職だった頃、酒盛《さかも》りをしていた最中に不始末《ふしまつ》で出火。寺が全焼し、御本尊まで消失してしまった（１９７９年〈昭和54年〉11月）。

また、光明寺（沖縄・那覇市）でも、寺院もろとも御本尊を焼く不祥事《ふしょうじ》（88年〈昭和63

年〉9月）を起こしている。

藤原広行（北海道・札幌市、仏見寺）に至《いた》っては、日頃から〝本尊の護持《ごじ》が僧侶の折伏行〟などと豪語《ごうご》していたくせに、自分の寺の本堂にあった御本尊が盗《ぬす》まれるという大失態《だいしったい》を演じた。

さらに、御本尊を軽視《けいし》し、いい加減に扱う日顕宗では、ノルマに追われるあまり、デタラメな折伏による本尊の〝バラ撒《ま》き〟が横行。成果の帳尻合《ちょうじりあ》わせのために、1人に2体3体と御本尊を下付《かふ》しているケースもある。

あるいは、同居の子どもや孫にまで本尊を持たせた者。

2人の友人がそれぞれ紹介者になり、1人に2体の本尊を下付した例。

本尊であることすら知らされず、「寺で巻物を渡された」と言って持たされたケースまである。

日顕宗は、学会に難癖《なんくせ》をつける前に、まずは、自分の足下の謗法、不敬《ふけい》の数々を解決することこそ先決であろう。

真の和合僧団《わごうそうだん》にこそ授与の使命が

御本尊授与については、〝宗門の碩学《せきがく》〟と謳《うた》われた59世・日亨《にちこう》法主は、今日の世界広布の時代を予見《よけん》していたかのごとく、こう述べていた。

「宗運漸次《しゅううんぜんじ》に開けて・異族《いぞく》に海外に妙法《みょうほう》の唱へ盛なるに至らば・曼荼羅《まんだら》授与の事豈《あに》法主御一人の手に成ることを得んや」（「有師化儀抄註解」）

世界広布の時は、御本尊授与を法主一人が占有《せんゆう》するわけにはいかない、と断言していたのである。

日亭法主は、戦時下の法難の渦中《かちゅう》にあっても死身弘法《ししんぐほう》を貫《つらぬ》かれた牧口初代会長を、信者の身でありながら「通俗《つうぞく》の僧分《そうぶん》を超越」（１９４６年〈昭和21年〉11月17日）と讃嘆《さんたん》。戸田２代会長の提案で御書全集を発刊した際には、喜んで編纂《へんさん》の労《ろう》を買って出た。また、「御本尊様も本当に日の目を見たのは、学会が出現《しゅつげん》してからだ。学会のおかげで御本尊様も本当の力が出るようになったことはまことにありがたい」とまで語っていた。その学会に嫉妬《しっと》し、広布破壊の天魔《てんま》と化したニセ法主・日顕、日如に、いまや御本尊書写や授与の資格もないのは当然である。

御本尊授与の権能は、あくまでも、大聖人の仏法を正しく継承《けいしょう》する和合僧団にある。極悪・邪宗門と決別し、世界広布に邁進する仏意《ぶつい》仏勅《ぶっちょく》の学会にこそ、唯一、御本尊を授与する資格と使命があるのである。

抱腹絶倒《ほうふくぜっとう》！ こんな珍説も

珍説1 本尊の「授与書き」を改ざんした？

「授与書き」とは、御本尊の端《はし》に、願主や授与者の氏名が綴《つづ》られていること。日興上人は「富士一跡門徒存知の事」で、「所賜の本主の交名《きょうみょう》を書き付くるは後代の高名《こうみょう》の為なり」（御書1606ページ）と説かれている。「所賜の本主の交名」つまり〝御本尊の願主の名前〟を書くのは、「後代の高名」その信徒の強盛な信心を讃えるためである。

つまり「授与書き」は、信仰の根本対象である御本尊の相貌《そうみょう》や力用《りきゆう》とは、まったく別次元のもの。

「授与書き」をどうこう言うのなら、願主である池田名誉会長の名前を削《けず》った末寺など、ことごとく堕地獄《だじごく》ということになるのではないか。

珍説２　学会が勝手にコピーした？

バカげた誹謗中傷《ひぼうちゅうしょう》である。

そもそも「御形木御本尊《おかたぎごほんぞん》」というのは、御本尊を木版や写真製版等にして印刷する御本尊のことを言う。無論、宗門でも、御形木御本尊を下付《かふ》してきた経緯《けいい》、事実が厳然《げんぜん》とある。

また、末寺が印刷し、下付した本尊は数多く存在するが、この言い分は、自分たちがしてきたことを真っ向から否定しているのに等しい。

〝悩乱《のうらん》極まれり〟とはこのことだ。

❻ 登山

御聖訓

此《こ》を去って彼《かしこ》に行くには非《あら》ざるなり（中略）今日蓮等の類《たぐ》い南無妙法蓮華経と唱え奉る者の住処《じゅうしょ》は山谷曠野《こうや》皆寂光土《じゃっこうど》なり

（御義口伝、781ページ）

日蓮大聖人は、「法華経の御かたきをば大慈大悲《だいじだいひ》の菩薩も供養すれば必ず無間地獄《むけんじごく》に堕《お》つ」（主君耳入此法門免与同罪事、1133ページ）と誡《いまし》められている。今、日顕、日如が住みつく〝魔の山〟大石寺に参詣《さんけい》すれば、功徳どころか罰を受けるだけ。〝謗法《ほうぼう》の邪僧《じゃそう》と戦わぬばかりか、かえって供養するとは何事か！〟と、大聖人から厳しく叱責《しっせき》されることは、火を見るよりも明らかだ。

各家庭の御本尊に大功徳の力用《りきゆう》

日顕宗は、「大石寺に登山しないと罪障消滅《ざいしょうしょうめつ》できない」「成仏できない」などと嘯《うそぶ》いて信徒を脅《おど》している。

しかしこれは、御書《ごしょ》に背《そむ》く、まったくの邪義《じゃぎ》である。

日顕宗の論法《ろんぽう》だと、日蓮大聖人御在世《ございせ》時代、一度も大聖人に目通《めどお》りしたことのない松野殿のような門下は、罪障消滅も成仏もできなかったことになる。

ところが大聖人は、松野殿に対して、「いまだ見参に入り候はぬに何と思し食して御信用あるやらん、是《こ》れ偏《ひとえ》に過去の宿植《しゅくじき》なるべし、来生《らいしょう》に必ず仏に成らせ給《たま》うべき」（松野殿御消息、1379ページ）と仰《おお》せである。

直接お会いしていないのに信心されるとは素晴らしい、と称賛《しょうさん》され、必ず成仏すると約束されているのだ。

さらに大聖人は、正法の信仰ゆえに、敵に妬《ねた》まれ命さえ狙《ねら》われていた四条金吾に対し、「是より後はおぼろげならずば御渡りあるべからず」（四条金吾殿御返事、1185ページ）と、今は危ないから身延に来ない方がよいと仰せになっている。

本山に来なければ成仏できない、罪障消滅できないなどと脅《おど》す日顕宗とは、正反対ではないか。

また、「御義口伝」には、「今日蓮等の類《たぐ》い南無妙法蓮華経と唱え奉る者の住処《じゅうしょ》は山谷曠《こう》野《や》皆《みな》寂《じゃっ》光《こう》土《ど》なり」（御書781ページ）とも御教示されている。

大聖人の仏法は、特別な場所でしか成仏できないような〝聖地《せいち》信仰〟ではない。真剣に題目を唱えて広宣《こうせん》流布《るふ》に励《はげ》むならば、たとえ何もない広野《こうや》にいようと、その人がいる場所そのものが寂光土であり、最高の仏道修行の道場なのである。

さらに66世・日達《にったつ》法主は、「あなた方の各仏壇に安置《あんち》するところの御本尊様が、大聖人様の御精魂《ごせいこん》である」（1962年〈昭和37年〉9月7日）と明言していた。

広宣流布を推進している学会員の各家庭に安置されている御本尊に大功徳の力用があることは言うまでもない。

〝金集め〟目的の露骨《ろこつ》な参詣《さんけい》強要

かつて日顕は、登山についてこう語っていた。

「1年に1回、日を決めての総登山を行っていただきたい」（1992年〈平成4年〉1月、

教師初登山）

「ぜひ1年に1度、総登山を実施《じっし》していただきたい」（同）

また、98年（同10年）８月の教師講習会では、以下の通り、さらに登山の条件を緩和《かんわ》している。

「５００世帯の寺院があったとして、その寺院がたとえ遠距離であっても、その５００世帯を５年で割《わ》ってみてください。仮りに１年で１００世帯ずつの御信徒が登山参詣できたとして、それぞれの１００人の方は、５年に一遍《いっぺん》ずつの登山でよいのです」

しかし、「1年に1回」、さらには「５年に一遍ずつ」まで譲歩《じょうほ》しておきながら、宗門財政が逼迫《ひっぱく》するや、手のひらを返したようにこんな主張を始めた。

「一年のうちにたびたび大石寺に参詣させていただくところに、我々の過去からの謗法《ほうぼう》の罪障《ざいしょう》もすべて消滅《しょうめつ》させて、成仏することができる」（「登山のすすめ」２００９年〈平成21年〉4月発刊）

つまり、1年のうちに何度も登山しなければ罪障消滅できないと恫喝《どうかつ》しだしたのである。

09年（同21年）の〝数合《かずあ》わせ〟50万登山など悲惨《ひさん》の極《きわ》みである。１人が５、６回など当たり前。中には、20回行かされた信徒もいる。

その裏では、本山に１回２０００円の御開扉料だけでも50万人分。実に、10億円以上もの金が転《ころ》がり込んでいるのだ。

登山は、宗門にとって最も手っ取り早く信徒から供養を収奪《しゅうだつ》できる集金システムである。

参詣者の信仰心を逆手《さかて》に取って、供養集め、金もうけに利用し尽くしているのである。

広宣流布《こうせんるふ》とは無縁《むえん》の邪宗門に、供養するようなことになれば、それこそ日顕宗の謗法《ほうぼう》を容認することになり、結果として謗法の坊主を支えることになる。

そうなれば、日興上人が、「謗法と同座す可からず与同罪《よどうざい》を恐る可《べ》き事」（日興遺誡置文《ゆいかいおきぶみ》、御書1618ページ）と誡《いまし》められたように、「与同罪」、いわ

台風の最中に登山させられ、豪雨に見舞われる悲惨なケースも…（2007年〈平成19年〉7月）

ば日顕宗の〝共犯者〟となってしまうのである。

本山の〝観光地化〟目論《もくろ》んだ宗門

「いつわり・たぼらかす」のも極悪の本質である。日顕宗は、「登山会」が、宗門古来《こらい》の伝統《でんとう》であるかのように偽《いつわ》り、吹聴《ふいちょう》している。

しかし実際は、1952年（昭和27年）10月に、「月例《げつれい》登山」として定例登山を開始したのは、戸田第2代会長であり、創価学会である。

当時、大石寺は経済的に困窮《こんきゅう》し本山の運営もままならない状態だった。こともあろうに宗門は、その打開策《だかいさく》として、富士宮市や観光協会と話し合いを進め、本山の観光地化を図《はか》っていたのである。

それを知った戸田会長は、本山が観光地となり果《は》てることを危惧《きぐ》され、「月例登山」を敢行《かんこう》。学会員の供養によって本山運営が賄《まかな》えるようにしたのである。

戸田会長の英断で、宗門は窮乏《きゅうぼう》から脱《だっ》し、「信仰」を守ることができた。

73年（同48年）8月、教師講習会の折、日達《にったつ》法主は学会の功労についてこう語っていた。

「戸田先生はそれならば登山会をつくろうというので、登山会を毎月一回、当時一回でしたが、登山会をすることになって初めて本山は活気《かっき》づいてきたのでございます」

「池田会長の時代になって昨年正本堂を建立《こんりゅう》せられ、ここに一千万登山という大目標をもって登山会をせられたのでございます。これらのことは単なる登山会ということがすなわち大石寺をそれだけ裕福《ゆうふく》にし、大石寺を大きくした」

これが、登山会の真実なのである。

「登山停止」は如説修行《にょせつしゅぎょう》の誉《ほま》れ

宗門の礎《いしずえ》を築いた大恩ある学会に対して、愚《おろ》かにも日顕は、怨嫉した。そして、「C作戦」では、池田名誉会長と学会を、一方的に「登山停止」に処《しょ》したのである。

しかし、思えば、宗門は、戦時中、軍部政府の不当《ふとう》な弾圧《だんあつ》により牧口初代会長と戸田第2代会長が逮捕《たいほ》された時、卑劣《ひれつ》にも、「大石寺への登山止め」「末寺参詣《さんけい》禁止」という処分を下《くだ》した。宗門は、命がけで法を護《まも》ろうとした牧口、戸田両会長を切り捨てたのだ。

1952年(昭和27年)4月には、戦時中に「神本仏迹論《しんぽんぶっしゃくろん》」の邪義《じゃぎ》を謳《うた》い、学会弾圧の原因を作った小笠原慈聞《じもん》に対して、学会は、その非を認めさせ、弾圧の末《すえ》に獄死《ごくし》された牧口初代会長の墓前《ぼぜん》で謝らせた。

しかし、この一件でも宗門は、戸田会長に対して、「謝罪文の提出」「法華講大講頭の罷《ひ》免《めん》」そして、「登山停止」にしたのである。

宗門の理《り》不《ふ》尽《じん》な仕打ちを、戸田会長は断じて許さなかった。

52年（昭和27年）7月10日に掲載された「寸鉄」を抜粋《ばっすい》する。

一、忠義《ちゅうぎ》を尽《つく》して謗法《ほうぼう》を責めて御褒美《ごほうび》あるかと思ったに、おほめはなくて『登山まかりならん』とおしかりさ。弟子共一同「俺達も一緒に登《のぼ》らんわい、フン」だってさ。（中略）

如説修行抄に仰《おお》せあり

『真実の法華経の如説修行の行者の弟子檀那《だんな》とならんには三類の強敵決定《ごうてきけつじょう》せり。されば此の経《きょう》を聴聞《ちょうもん》し始めん日より思い定むべし』。三類の悪人の仕業《しわざ》の中に『遠離塔寺《おんり》』と言って寺から追い出すやり方がある、悪人共がさ。

さて、我等が会長に折伏の大将としての一大名誉を贈ったのさ、『遠離塔寺』と云う仏様からの勲章《くんしょう》なんだ。

「登山停止」という陰湿《いんしつ》な手口《てぐち》で、法華経の行者を追い出そうとする悪人どもは「三類の強敵」の類《たぐ》いにほかならない。そのような難に遭うのは、むしろ「仏様からの勲章」であると断言されている。

今回の「登山停止」もまた、学会が邪宗門の暴圧に一切《いっさい》動じず戦い抜いた、如説修行の誉《ほま》れなのである。

大聖人の入滅《にゅうめつ》後、大聖人の本弟子と定められた6人のうち日興上人を除《のぞ》く5人（五老僧）が、法義を歪曲《わいきょく》し、堕落《だらく》していった。

そして、その五老僧に影響を受けた地頭の波木井実長《さねなが》も、数々の謗法を犯した。

大聖人は、「地頭の不法ならん時は我も住むまじき」（美作房御返事、編年体御書1729ページ）、すなわち波木井が仏法に背《そむ》いたならば私も身延には住まない、と御遺言されていた。

この大聖人の御覚悟を真摯《しんし》に受け止め、日興上人は、謗法の魔山と化した身延から離山する決意をされる。

日興上人は、身延を離れる際の、苦心苦衷《くしんくちゅう》の心境をこう述懐《じゅっかい》されている。

「身延沢を罷《まか》り出《い》で候事、面目《めんぼく》なさ、本意なさ申し尽し難く候へども、打還《うちかえ》し案じ候へば、いづくにても聖人の御義を相継《あいつ》ぎ進《まい》らせて、世に立て候はん事こそ詮《せん》にて候へ」（原殿御返事、編年体御書1733ページ）

身延から退《しりぞ》くことの残念さは言葉では言い尽くせない。しかし、いずこの地でも、大聖人の仏法を正しく受け継ぎこの世に流布することこそ大事である。

大聖人の正法正義を厳護するためならば、場所など関係ない。謗法を破折《はしゃく》し、仏法を護り弘める。この日興上人の「身延離山」の精神を厳然《げんぜん》と継承しているのが、創価学会である。

日興上人が、「義絶《ぎぜつ》し畢《おわ》んぬ」（富士一跡門徒存知の事、１６０２ページ）と、五老僧を断じられた通り、〝法滅《ほうめつ》の魔山〟へと堕《だ》した大石寺と決別し、大聖人の仏法を世界に弘めることこそ、日興上人の御心にかなう実践なのである。

第4章
化儀編

〝葬式仏教〟へと堕落《だらく》した邪宗門。友人葬《ゆうじんそう》こそが仏法の正道

〝本宗伝統の化儀《けぎ》は大聖人《だいしょうにん》以来いささかも変わらない〟――宗門では、坊主による葬儀、法要《ほうよう》、戒名《かいみょう》、塔婆《とうば》などの化儀が、宗祖以来の伝統と強弁《きょうべん》し、供養を強要《きょうよう》している。しかし、これらは、江戸時代の檀家制度《だんかせいど》から根付いた〝坊主丸もうけ〟の慣習で、宗開両祖《しゅうかいりょうそ》の時代にはない。本章では、化儀を金もうけに利用する守銭奴《しゅせんど》・日顕宗の〝信徒騙《だま》し〟の邪義《じゃぎ》を破折《はしゃく》する。

❶葬儀

御聖訓

謗法《ほうぼう》の人師《にんし》どもを信じて後生《ごしょう》を願う人人は無間地獄《むけんじごく》脱《まぬが》る可《べ》きや

（善無畏抄《ぜんむいしょう》、1235ページ）

江戸時代の「檀家制度《だんかせいど》」に逆戻り

1991年（平成3年）10月21日、当時の宗務総監《しゅうむそうかん》（＝宗門ナンバー2の役職）・藤本日潤《にちじゅん》の名で学会に送られてきた「通告文《つうこくぶん》」には、「葬儀において大切なことは、御本尊と引導師《いんどうし》、及び戒名《かいみょう》等であります」などと、葬儀の要件が3点挙《あ》げられている。

ここで、特に強調されているのが、「必ず所属寺院の住職・主管の引導によって葬儀を執行《しっこう》しなければならない」という〝僧侶の必要性〟である。

しかも同文書では、もしこれに反《はん》すれば、「即身成仏《そくしんじょうぶつ》どころか必定堕地獄《ひつじょうだじごく》」などと脅《おど》しつけている。

ところが、御書《ごしょ》に照らせば、こうした儀式偏重《ぎしきへんちょう》の主張が、信心第一の日蓮大聖人《にちれんだいしょうにん》の仏法と無縁《むえん》であることは明白である。

大聖人が、

「故聖霊《こしょうりょう》は此《こ》の経《きょう》の行者なれば即身成仏疑《うたが》いなし」（上野殿後家尼御返事、１５０６ページ）

「過去の慈父尊霊《じふそんりょう》は存生《ぞんしょう》に南無妙法蓮華経と唱へしかば即身成仏の人なり」（内房《うつぶさ》女房御返事、１４２３ページ）

と断言されているように、成仏は信心によって決まるのであり、信心とは無関係な、儀式、儀礼《ぎれい》によって決まるなどというのは仏法に背《そむ》く邪義《じゃぎ》なのである。

そもそも、かつては日顕自身も、「仏力《ぶつりき》、法力《ほうりき》に対する自《みずか》らの信心と自らの修行とによって仏になっていくということが、大聖人の真実の大慈大悲《だいじだいひ》でございます。僧侶の力《ちから》とか、あるいはお布施《ふせ》を出してお経をあげてもらい、あるいは祈祷《きとう》をしてもらえば幸せになれるとか災《わざわ》いが払えるとか、そういう考え方がそもそも邪《よこしま》の、誤った宗教なのであります」（１９８３年〈昭和58年〉9月、青森・法浄寺）と正論《せいろん》を述べていた。

しかし、「Ｃ作戦」後の今となっては、自分で破折《はしゃく》した「邪の、誤った宗教」そのものに成《な》り下《さ》がっているのだから、哀《あわ》れなものである。

もし、坊主による引導や葬儀が〝成仏の絶対条件〟というならば、大聖人が御書で必ず明示《めいじ》されたはずである。

ところが、「葬儀」と「即身成仏」を関連づける御文など、どこにも見当たらない。

さらに言えば、大聖人御自身も、門下《もんか》の葬儀は一度も執《と》り行っていないし、葬儀に参列されたという記述《きじゅつ》もない。

「引導」についても、大聖人や弟子の僧侶が、在家《ざいけ》信徒の葬儀で「引導」を渡したという事実や記録は一切ないのである。

日顕宗の言い分に沿《そ》えば、大聖人御在世《ございせ》当時の門下は、誰一人成仏していないことになる。また釈尊《しゃくそん》も、阿難《あなん》をはじめ、出家の弟子に対して、自らの葬儀は在家の人に任《まか》せ、〝修行に専念《せんねん》しなさい〟と命じている。

仏教史をひもとけば、〝葬儀に僧侶〟というスタイルは、室町時代後期から日本の仏教が〝葬式仏教化〟し、江戸時代の「檀家制度」によって普及《ふきゅう》したものである。

〝大聖人以来の伝統〟などと、よくぞぬけぬけと言えたものだ。

御書を見ても、仏教史に照らしても、日顕宗の主張《しゅちょう》は、まったくの虚偽《きょぎ》なのである。

金集めに狂奔《きょうほん》する〝守銭奴《しゅせんど》〟教団

それにしても、どうして日顕宗は、ウソをついてまで「化儀」に固執《こしゅう》するのであろうか。それは、葬儀や塔婆《とうば》、戒名《かいみょう》といった化儀が、自分の生活を守る〝食《く》い扶持《ぶち》〟であり、金もうけの最《さい》たる手段であるからだ。

日顕宗の坊主にとって「化儀」とは、本来の〝人々を教導《きょうどう》するための規範《きはん》〟という意味ではなく、自分たちの生活のための供養を集める道具にすぎない。

要するに、日顕宗の悪侶《あくりょ》たちは、故人《こじん》の成仏を願うために導師を務《つと》めているのではない。自分たちが食べていくために儀式を行っているのだ。

たとえば葬儀の際、遺族《いぞく》に車を出させて斎場《さいじょう》まで送り迎えさせた揚《あ》げ句《く》、「お車代《くるまだい》」なる金を要求し、徴収《ちょうしゅう》する非常識《ひじょうしき》坊主。

また、先祖代々、供養を続けてきた檀家《だんか》に対しても、葬儀代が足《た》りないと「金が出せないなら葬儀はやらない」と突《つ》き離《はな》す冷酷《れいこく》坊主。

葬儀で、「供養が少ない」と遺族に不満をぶちまけ、他の法華講員に立て替えさせた収奪《しゅうだつ》坊主。

揚《あ》げ句《く》の果てには、〝家を売って供養しろ〟〝保険を解約して供養しろ〟〝借金してでも供養しろ〟と脅《おど》す、取り立て坊主等々、各地で信じがたい守銭奴《しゅせんど》坊主が出《しゅつ》現《げん》しているのだ。

これは「C作戦」前のことだが、石井栄純《えいじゅん》（神奈川・法照寺）は、１９８９年（平成元年）10月、学会員から葬儀について相談を受けた際、「私が行けばお金がかかる。お金がないんでしょう。御本尊をお貸ししますから、地元の幹部を中心に葬儀をして骨にしてお寺へ持ってらっしゃい」と、喪主《もしゅ》が経済苦にあることを理由に葬儀への出席を拒《こば》み、学会の幹部に葬儀をさせていた。今でこそ、葬儀に僧侶が必要などと言って学会の友人葬《ゆうじんそう》を批判しているが、実は石井は、金がないという一点で学会幹部に導師《どうし》を任せていたのである。

現宗門の邪義《じゃぎ》からすれば、結局、僧侶を呼べるだけの葬儀代が払えるか否《いな》かで故人の成仏が決まってしま

日如の父・早瀬日慈の通夜の日、日顕が現れた法道院（東京・豊島区）周辺は黒雲に覆われ、異常気象にみまわれた（1993年〈平成５年〉６月21日）

うことになる。まさに「地獄《じごく》の沙汰《さた》も金次第《かねしだい》」とはこのことだ。

日顕宗こそ、〝葬式仏教〟の典型なのである。

宗門の邪義《じゃぎ》は〝時代錯誤《さくご》の遺物《いぶつ》〟

〝坊主による葬儀〟を強要する宗門とは違い、学会の友人葬《ゆうじんそう》・同志葬は大聖人、釈尊の精神に最もかなう葬儀といえる。

国内外の識者は、学会の「友人葬」についてこう評価している。

「時代に即応《そくおう》した素晴《すば》らしい形式であると思います。それは僧侶による経済的な搾取《さくしゅ》から人々を解放しています」

「形骸化《けいがいか》した『葬式仏教』から脱却《だっきゃく》し、仏教本来《ほんらい》の葬儀の在《あ》り方《かた》を目指す学会の『友人葬』に、私は期待しています」

「学会の宗教革命に万歳《ばんざい》を贈《おく》りたい」

現代は、葬儀に関する人々の意識も多様化《たようか》している。

全国の20代以上の男女に対する調査（2010年〈平成22年〉3~5月、日本消費者協会）によれば、葬儀のやり方について、「形式やしきたりにこだわらない」と考える人が全体の6割で最も多い。

一方で、「地域のしきたりに従《したが》う」と答えた割合はわずか1割だ。

〝坊主がいなければ堕地獄必定《だじごくひつじょう》〟などという偏狭《へんきょう》な日顕宗の邪義《じゃぎ》は、まさしく時代錯誤《さくご》の遺物《いぶつ》と言うほかあるまい。

友人葬に参列した方々からは、こんな声が寄せられている。

「友人葬はスッキリしていて素晴らしい」

「真心《まごころ》こもる友人葬を目の当《まあ》たりにし、大変感銘を受けました」

学会員でなくとも、「友人葬で故人を送ってもらいたい」との依頼《いらい》が多く、中には、真心溢《あふ》れる友人葬のすがすがしさに感動し、学会への入会を希望する遺族《いぞく》もいる。

大事なのは、形式ではなく本質である。同志の読経《どきょう》、真心の題目で故人を送り出す――これこそが仏法本来の、大聖人の仰せにかなった葬儀の在り方なのである。

一方、日顕宗は、〝葬儀に坊主が不可欠《ふかけつ》〟と言いながら、その坊主自身が、読経中に居《い》眠《ねむ》りをしたり、葬儀に数珠《じゅず》を忘れたり、袈裟《けさ》を忘れたり、引導《いんどう》を読み忘れたりと、見るに堪《た》えない失態《しったい》の数々をしでかしている。

こうした故人や遺族を愚弄《ぐろう》する坊主の態度に憤慨《ふんがい》し、脱講に至《いた》った法華講員も少なくない。

大聖人は「謗法《ほうぼう》の人師《にんし》どもを信じて後生《ごしょう》を願う人人は無間地獄《むけんじごく》脱《ぬが》る可《べ》きや」（善無畏抄《ぜんむいしょう》、1235ページ）と誡《いまし》められている。

この御文で仰せの通り、日顕宗の邪義を真《ま》に受けて、「謗法の人師」である坊主を葬儀に呼んでしまえば、それこそ「無間地獄」に堕《お》ちる因となってしまう。

そんな日顕宗の生臭《なまぐさ》坊主どもに、決して誑《たぶら》かされてはならない。

❷ 戒名《かいみょう》、位牌《いはい》

御聖訓

飢餓《きが》の為の故に発心《ほっしん》出家するもの有《あ》らん是《か》くの如《ごと》きの人を名《なづ》けて禿人《とくにん》と為《な》す

（立正安国論、29ページ）

堕落《だらく》坊主の〝商売道具〟

〝僧侶《そうりょ》による葬儀〟とともに、日顕宗が〝成仏《じょうぶつ》に不可欠《ふかけつ》〟と嘯《うそぶ》いているのが、「死後《しご》戒名」である。

本来《ほんらい》「戒名」とは、仏門に帰依《きえ》した際に、師僧《しそう》から授《さず》かる「法名《ほうみょう》」のことを言う。

御書《ごしょ》に見られる大聖人門下の「妙日《みょうにち》」（＝大田乗明《じょうみょう》）や「法蓮」（＝曾谷《そや》教信《きょうしん》）などの

呼称《こしょう》も、篤信《とくしん》の仏道修行者としての〝法名〟であって、「死後戒名」とは何ら関係ない。

そもそも、御書には「戒名」なる言葉自体、一度も出てこないし、大聖人が、在家信徒《ざいけしんと》の死後に戒名を授《さず》けたという記録も残っていない。

仏教発祥《はっしょう》の地・インドにも戒名はなく、中国の慣習《かんしゅう》に基《もと》づいて、仏教伝来《でんらい》とともに日本に伝わったとされている。

そんな「戒名」が、日本の仏教界に広く定着したのは、大聖人御入滅の約200年後、室町時代から江戸時代にかけてとされている。

初めは、貴族や武士など上流階層の死後に「院号《いんごう》」を贈《おく》る慣習《かんしゅう》ができ、これが死後戒名の起こりと言われている。以降、一般にも広がり、僧侶の側も戒名を〝商品〟と見なすようになる。戒名の商品化を象徴《しょうちょう》しているのが、供養の金額によって差が生じる〝ランク付け〟である。

少しでも立派な名称の戒名がつくことに価値や威厳《いげん》があるとされる風潮《ふうちょう》が、次第に蔓延《まんえん》。戒名の仕組みは、経済的、社会的な差別を招《まね》く温床《おんしょう》となっていった。

こうした背景を鑑《かんが》みれば、戒名なるものが、「一切衆生平等《いっさいしゅじょうびょうどう》」を説く仏法の精神と遠くかけ離れていることは自明《じめい》の理《り》。ましてや〝坊主による戒名がなければ成仏できない〟などという日顕宗の独善的《どくぜんてき》な主張が、大聖人に背《そむ》く邪義《じゃぎ》であることは明白である。

実際、日顕宗坊主の戒名による収奪はひどい。

〝ランク〟には〝○○院〟と称する「院号」や、〝日〟をつける「日号《にちごう》（女性は「妙号《みょうごう》」）」。さらには、「法号《ほうごう》」、「位号《いごう》（居士《こじ》、信士《しんじ》）」などがある。

元法華講員等の証言で明らかになった衝撃的な事実を紹介する。

◆「居士・大姉《だいし》」を50万円、「院号・日号」は150万円を、それぞれ相場《そうば》にしていた関戸慈誠《せきどじじょう》（静岡県・蓮興寺）。

◆「院、居士・大姉」で30万円という金額を提示した重竹雄徳《しげたけゆうとく》（当時、富山県・本徳寺）。

◆信徒の供養の額《がく》や回数をコンピューターに入力。それをもとに戒名の文字を決めた河野廷道《ていどう》（当時、福井県・本縁寺）。

極《きわ》めつけは、静岡・妙蓮寺本妙坊《みょうれんじほんみょうぼう》の元檀家《だんか》の証言。

1995年（平成7年）、母の葬儀で坊主に戒名を頼んだら、なんと200万円もの大金を要求された。あまりの理不尽《りふじん》さに〝それなら坊さんはいらない〟と断ると、狼狽《ろうばい》した坊主は、葬儀一式で70万円に値引きすると言い出した。坊主に騙《だま》されたと痛感《つうかん》した元檀家は、晴れて日顕宗と決別した。

こうした問題について、かつて日達《にったつ》法主はこう憂《うれ》えていた。

「院号を付けたから何万持ってこいなんて、とんでもない考えを起す人があったならば、それこそ獅子身中《しししんちゅう》の虫とでもいうか、あるいは、宗門の僧侶としてはもういちばん悪い根《こん》

性《じょう》」（77年〈昭和52年〉1月6日）

しかし、そんな先師の誡《いまし》めも虚《むな》しく、日顕宗の坊主らは、今なお〝死の商人〟となって戒名を利用し供養を貪《むさぼ》っている。

いくら多額の供養を出して戒名を授《さず》かっても、故人の成仏とは何の因果《いんが》関係もない。

大聖人は、「法華経の行者は如説修行《にょせつしゅぎょう》せば必ず一生の中に一人も残らず成仏す可《べ》し」（一念三千法門、416ページ）と断言されている。

戒名の有無や僧侶の介在《かいざい》に関係なく、仏道修行に徹《てっ》すれば誰でも今世《こんぜ》で成仏の境涯《きょうがい》に至ることができるのだ。

また、日顕宗には〝生前戒名〟を強要する末寺坊主もいるが、その趣旨《しゅし》は「法名」の付与とは程遠《ほどとお》い。生前戒名を受けた人が死去した後、再び死後戒名を迫《せま》られた信者もいる。要は、生前だろうが死後だろうが、戒名は日顕宗坊主にとって金もうけの手段《しゅだん》、〝ビジネス〟なのである。

迷信《めいしん》、儀《ぎ》礼《れい》を金もうけに悪用

成仏とはまったく無関係の〝商売道具〟に過ぎないから、戒名《かいみょう》の決め方もまるで遊び半分。

青年僧侶改革同盟《かいかくどうめい》は、末寺に在勤していた際に目撃《もくげき》した惨状《さんじょう》を克明《こくめい》に証言している。宗門の「寺院名簿」をパラパラとめくって、パッと開いたところの寺院や住職の名前をとって適当《てきとう》に戒名をつけるケース。

現に、東大阪市・調御寺《ちょうごじ》住職（当時）だった高野法雄《ほうおう》の文字を使って「調御院法雄信士」とつけられた戒名がある。

また、宗内には、「所化《しょけ》が命名《めいめい》してはならない」（教師必携《ひっけい》）というルールがあるにもかかわらず、所化小僧に書かせて遺族《いぞく》を激怒《げきど》させた例もある。

生前、自転車店を営んでいた故人に「自転法輪信士」、あるいは、深夜タクシーの運転手が亡くなった際には、「夜走院」などと、不謹慎《ふきんしん》な院号をつけたことも。

さらに、男女を間違《まちが》って戒名を書き遺族から指摘を受けた坊主や、書き間違えた戒名に二本の棒線《ぼうせん》を引いてその横に書き直したものをそのまま葬儀に持参《じさん》した恥知《はじし》らずな坊主もいる。宗門にとって成仏の成否がかかる戒名が、この有様《ありさま》。日顕宗の坊主連中に故人を悼《いた》む心など微塵《みじん》もないことは、火を見るより明らかだ。

さらにひどいのが、戦時中の戒名。以下は、当時の宗門の機関誌《きかんし》「大日蓮」に掲載《けいさい》された戒名の数々《かずかず》だ。

義勇院奉公日○居士
連勝院忠勇日○居士
義烈院勇道日○居士
護国院堅持日○居士
武功院芳美日○居士
報国院忠実日○居士
勇進院護国日○居士
殉国院歓喜日○居士
忠勇院航空日○居士

「報国」「殉国」など、いかにも軍部政府に迎合《げいごう》していた戦前の宗門らしい文言だが、こうした戒名が、故人の成仏とどう関係しているというのか。

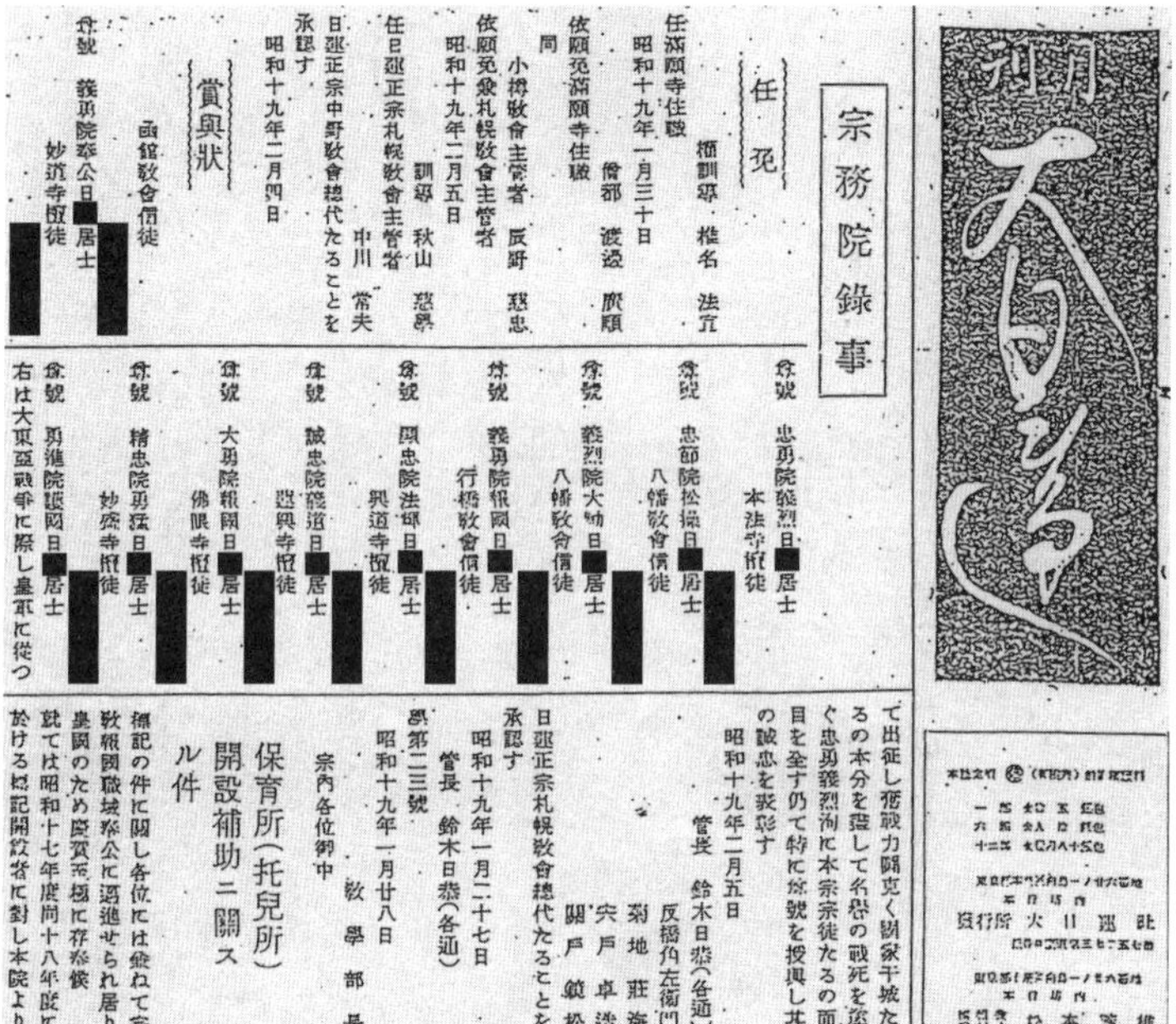
月刊
大日蓮

宗務院録事

任免
任満願寺住職　権訓導　椎名法亢
昭和十九年一月三十日
依願免満願寺住職　僧都　渡邊廣順
同　小樽教會主管者　辰野慈忠
依願免札幌教會主管者
昭和十九年二月五日
任日蓮正宗札幌教會主管者　訓導　秋山慈學
日蓮正宗中野教會總代たることを承認す　中川常夫
昭和十九年二月四日

賞與状
函館教會信徒
戒號　義勇院奉公日[redacted]居士
妙流寺檀徒
[redacted]

戒號　忠勇院義烈日[redacted]居士
本法寺檀徒
[redacted]
戒號　忠節院松操日[redacted]居士
八幡教會信徒
[redacted]
戒號　義烈院大勳日[redacted]居士
八幡教會信徒
[redacted]
戒號　義勇院報國日[redacted]居士
行橋教會信徒
[redacted]
戒號　顯忠院法功日[redacted]居士
興道寺檀徒
[redacted]
戒號　誠忠院護道日[redacted]居士
遠興寺檀徒
[redacted]
戒號　大勇院報國日[redacted]居士
佛眼寺檀徒
[redacted]
戒號　精忠院勇猛日[redacted]居士
妙縁寺檀徒
[redacted]
戒號　勇進院護國日[redacted]居士
[redacted]
右は大東亞戰爭に際し皇軍に從つて出征し挺戰力闘克く國家干城たるの本分を盡して名譽の戰死を遂ぐ忠勇義烈洵に本宗宗徒たるの面目を全す仍て特に戒號を授與し其の誠忠を表彰す
昭和十九年二月五日
管長　鈴木日恭（各通）

反橋角左衛門
菊地莊海
宍戸卓造
關戸鎮松
日蓮正宗札幌教會總代たることを承認す
昭和十九年一月二十七日
管長　鈴木日恭（各通）

學第二三號
昭和十九年一月廿八日
教學部長
宗內各位御中
保育所（托兒所）開設補助ニ關スル件
標記の件に關し各位には兼ねて宗教報國職域奉公に邁進せられ居り皇國のため慶賀至極に存候就ては昭和十七年度同十八年度に於ける標記開設者に對し本院より

戦時中に宗門がつけた戒名には、「報国」や「護国」など、戦争を賛美するような文言が並んでいる（「大日蓮」昭和19年5月号）

戸田第2代会長は、「僕は戒名というものはいらんという主義です」「君らと霊鷲山《りょうじゅせん》で会ったときに、戒名でいわれても、『そんな名前、聞いたことがない』となっちゃう」と語られていた。所詮《しょせん》、日顕宗は、〝葬式仏教〟の迷信《めいしん》、儀礼《ぎれい》を金もうけに悪用《あくよう》しているに過ぎないのである。

位牌は故人を偲《しの》ぶ〝名札《なふだ》〟

なお、位牌《いはい》を立てる風習《ふうしゅう》についても、起源《きげん》は中国の儒教《じゅきょう》にあるとされ、宗開両祖の時代にはなかった儀礼《ぎれい》である。

位牌に至っては、御書《ごしょ》はおろか、種々《しゅじゅ》の仏典《ぶってん》にも書かれていない。日本では、仏壇《ぶつだん》に安置《あんち》し、先祖崇拝《すうはい》のために礼拝されている事例が見受けられるが、あくまで位牌は儀式のために用いる故人の〝名札《なふだ》〟なのである。

宗門においても、日達《にったつ》法主が、「位牌は死者の葬式のとき、その者の世間的《せけんてき》の栄誉《えいよ》を表《あら》わすため、官位《かんい》・姓名《せいめい》を書いたもの（中略）位牌は拝《おが》むものでもなく、また今日の世間の人々が行なっているように仏壇に入れるものでもない。ただ葬式を立派に飾《かざ》ったものにすぎない」（『日達上人全集』第1輯第5巻598ページ）と、成仏とは無関係であるという見解を述《の》べている。

先述《せんじゅつ》の通り、戒名《かいみょう》が不要であることから、友人葬《ゆうじんそう》や同志葬では、位牌に故人の本名が記される。

宗門坊主の中には、位牌の表面を削《けず》って使い回していた坊主もいるが、いずれにしても、戒名だ、位牌だと煽《あお》り、供養を請求してくる坊主の目的は、紛《まぎ》れもなく自分の懐《ふところ》を肥《こ》やすこと以外にない。

大聖人は、「飢餓《きが》の為の故に発心《ほっしん》出家するもの有《あ》らん是《か》くの如《ごと》きの人を名《なづ》けて禿人《とくにん》と為《な》す」（立正安国論、29ページ）と仰《おお》せである。

また、戸田会長は、「仏法を売る者を、禿人という。世の中で一番悪い害虫《がいちゅう》は坊主ではないか」と厳しく断じている。広宣流布《こうせんるふ》のためではなく、化儀を口実に信徒を食い物にする日顕宗の坊主こそ、欲にまみれた〝禿人〟そのものである。

そんな禿人どもへの供養は、「まこと《誠》ならぬ事を供養すれば大悪とは・なれども善とならず」（衆生身心御書《しゅじょうしんしんごしょ》、1595ページ）との大聖人《だいしょうにん》の御教示の通り、大悪に加担《かたん》したも同然《どうぜん》となってしまう。

❸ 塔《とう》婆《ば》

御聖訓

謗法《ほうぼう》の者をやしなう《養》は仏種《ぶっしゅ》をたつ《断》

（高橋殿御返事、１４６７ページ）

法華経《ほけきょう》を持《たも》つ人こそ「宝塔《ほうとう》」

日顕宗では「板塔婆《いたとうば》」を成仏《じょうぶつ》の要件《ようけん》とし、〝塔婆を立てねば地獄《じごく》に堕《お》ちる〟などと、塔婆供養を強要《きょうよう》している。

しかし、そもそも、現在のような木板《もくはん》の塔婆は、釈尊《しゃくそん》の時代には存在《そんざい》しなかった。

「塔婆」とは、もともと、梵語《ぼんご》（サンスクリット語）の「ストゥーパ」という言葉を漢字で音写《おんしゃ》した「卒塔婆《そとば》」に由来《ゆらい》する。

ストゥーパとは、釈尊入滅後《にゅうめつご》、その遺骨《いこつ》を何カ所かに分けて各地に安置《あんち》した際《さい》に建立《こんりゅう》された墳墓《ふんぼ》のことで、後に、その場所に仏塔《ぶっとう》が建てられるようになった。

仏塔信仰がインドから中国に伝わると、中国では、仏塔というより、寺院を象徴《しょうちょう》する建《けん》造物《ぞうぶつ》として塔が建てられていった。

この影響《えいきょう》から、日本でも寺院建造物が数多く建てられた。

やがて、時代を経《へ》て塔婆の意味が変質《へんしつ》し、墓標《ぼひょう》や供養塔の意味として用《もち》いられるようになる。

現在、目にする〝板塔婆の追善《ついぜん》供養〟が普及《ふきゅう》したのは、ずっと後世《こうせい》のことである。

大聖人は、御書《ごしょ》で、塔婆を宝塔の意味で用いられている。

法華経「見宝塔品《けんほうとうほん》」について説《と》かれている「御義口伝《おんぎくでん》」には、「妙法蓮華《みょうほうれんげ》の見なれば十界の衆生《しゅじょう》・三千の群類《ぐんるい》・皆自身の塔婆を見るなり」（797ページ）と記《しる》されている。

さらに大聖人は、「法華経を持《たも》つ男女《なんにょ》の・すがたより外《ほか》には宝塔なきなり」（阿仏房《あぶつぼう》御書、1304ページ）と、広宣流布《こうせんるふ》に励《はげ》む信仰者の姿そのものが「宝塔」であると御教示《ごきょうじ》されている。

つまり、「塔婆」とは、我が身の「宝塔」という意義であり、それ以外に宝塔はないと断言されているのである。

後述《こうじゅつ》するが、仏教の経典《きょうてん》等に見られる「塔婆」は、今日《こんにち》の板塔婆を指したものではない。

宗祖《しゅうそ》が塔婆《とうば》を勧《すす》めた事実なし

ところが日顕宗では、「中興入道御消息《なかおきにゅうどうごしょうそく》」を金科玉条《きんかぎょくじょう》のように用《もち》いて、あたかも塔婆が大聖人仏法の伝統化儀《でんとうけぎ》であるかのように吹聴《ふいちょう》している。しかし、同抄を拝《はい》せば、日顕宗の言い分はまったく成立《せいりつ》しない。

この御書《ごしょ》は、在家《ざいけ》の中興入道が、娘の13回忌《かいき》の際、塔婆に題目の七字を刻んだことをたたえられた御書である。

当時、塔婆は、真言宗の梵字《ぼんじ》や阿弥陀《あみだ》の名号《みょうごう》が書かれることが通例《つうれい》であった。そんな中、中興入道が、法華経の題目を顕《あらわ》したことを大聖人は讃嘆《さんたん》された。大聖人は、〝塔婆の功徳《くどく》〟ではなく〝題目の功徳〟について強調されているのだ。

その証拠《しょうこ》に、同抄の最後では、「此《こ》れより後後《のちのち》の御《おん》そとばにも法華経の題目を顕し給《たま》へ」（１３３５ページ）と、今後も塔婆を立てる場合は題目を顕していくよう励《はげ》まされている。

誰がどう見ても〝塔婆が不可欠《ふかけつ》〟とは仰《おお》せになっていないのに、姑息《こそく》にも日顕宗は、本来の意味をすり替《か》え、御聖訓《ごせいくん》を信徒だましの道具にしているのだ。

なお、中興入道の塔婆は「丈六《じょうろく》のそとば」(1334ページ)とあるように、「丈六」=4・85メートルの大きさで、今日の板塔婆とは全く異なるものである。

大聖人門下で、塔婆を立てた事例《じれい》の御書は、後《あと》にも先にもこの「中興入道御消息」しか残っていない。

「草木成仏口決《そうもくじょうぶつくけつ》」では、塔婆を例に用いて〝草木成仏〟が説かれているが、〝塔婆を立てなさい〟とは一言《ひとこと》も仰せになっていない。また、インドや日本の習俗《しゅうぞく》に触《ふ》れて仏塔について言及《げんきゅう》している御書は、「顕謗法抄《けんほうぼうしょう》」「善無畏抄《ぜんむいしょう》」「上野殿御返事」など8編あるが、いずれも法義《ほうぎ》について説かれたものではない。

そもそも、塔婆が「成仏の要件《ようけん》」ならば、なぜ大聖人は、師・道善房《どうぜんぼう》が亡《な》くなった際に、塔婆を立てられなかったのか。

亡き師に送った「報恩抄《ほうおん》」では、塔婆の必要性には一切言及されず、妙法を弘め一切衆生を救っていくことこそが師への報恩《ほうおん》であると断言されている。

道善房のみならず、四条金吾《しじょうきんご》、富木常忍《ときじょうにん》、南条時光《なんじょうときみつ》、池上《いけがみ》兄弟など、当時の門下に対して、大聖人が塔婆供養を勧《すす》められた事実や記録など存在《そんざい》しない。

まさか日顕宗は、これらの門下が、地獄に堕《お》ちたとでもいうのであろうか。

1億円を〝踏《ふ》み倒す〟非道

日顕宗の自己矛盾《じこむじゅん》、論理破たんは、それだけにとどまらない。

たとえば日顕宗では、「塔婆は、もう仏様《ほとけさま》のお体《からだ》」（『日蓮正宗の行事』）と意義づけている。

ところが、その「仏様のお体」の扱《あつか》いが、ずさんかつ、いい加減極《かげんきわ》まりないのである。

文字をきちんと書かずに、一本の棒線《ぼうせん》を引っ張っただけの「省略《しょうりゃく》塔婆」。

供養を受け取りながら、実際には塔婆を書かない「カラ塔婆」。

宗門坊主の教科書である「教師必携《ひっけい》」には、「塔婆を書く際には必ず衣《ころも》を着用《ちゃくよう》し、清浄《せいじょう》な場所において書くことが肝要《かんよう》である」と書かれている。

ところが現実は、教師資格《しかく》のない所化《しょけ》や寺の従業員、女房《にょうぼう》や娘に書かせる坊主、さらには、テレビで競馬番組《けいばばんぐみ》を見ながら塔婆を書くといった「ながら塔婆」の坊主も少なくない。

〝僧侶《そうりょ》の書いた塔婆でなければ功徳《くどく》がない〟と脅《おど》すくせに、実態《じったい》がこれでは、まるで〝詐欺《さぎ》〟ではないか。

また、本山や末寺《まつじ》では、使用済みの塔婆の表面《ひょうめん》だけ削《けず》って何度も使い回す「削《けず》り塔婆」も横行《おうこう》している。

近年まで大坊にいた元所化が、本山の塔婆書きの実態を克明《こくめい》に証言《しょうげん》している。

「高校1年になると、所化も塔婆書きを行います。塔婆の板は、白いヒモで括《くく》られているのが『削り塔婆』、黄色いヒモでまとまっているのは新品で、新品はなるべく後回《あとまわ》しに使うことになっていました」

この時、所化の間で共通認識《きょうつうにんしき》だったのが、表面を削り過ぎて板が薄くなり、バナナのように反《そ》り返《かえ》った「バナナ塔婆」。

さらに末寺によっては「塔婆削り機」を常備《じょうび》する寺もあったというが、「仏様の体」を何度も削《そ》ぎ落とすとは一体何ごとか。

極めつけが、阿部日顕。塔婆でボロもうけしながら、その扱いのいい加減さで日顕の右に出る者はいない。

1987年(昭和62年)ごろのこと。本山で書ききれない塔婆が10万本以上溜《た》まってしまった際、日顕から、〝溜まった10数万本分は9尺塔婆を一本立てて済《す》ます〟という指示が飛んだ。

9尺塔婆とは、満山《まんざん》供養などで使われる約3メートル、1本20万円(当時)の塔婆。日顕は、10万本分に当たる約1億円を、たった20万円の9尺塔婆1本で、あっさり片付《かたづ》けたのである。

故人《こじん》の成仏を願い、本山に供養を払った信徒からすれば、金《かね》を騙《だま》し取《と》られたも同然《どうぜん》であろう。

故人《こじん》を悼《いた》む心に　つけ込む畜生《ちくしょう》

結局《けっきょく》、宗門にとって塔婆《とうば》とは「仏様のお体」でも「成仏の要件」でも何でもなく、金もうけの道具に過ぎないのだ。

故人を悼む遺族《いぞく》の心につけ込む守銭《しゅせん》奴《ど》らは、動物を対象にした「ペット塔婆」にまで目をつける。しかも塔婆に、「ニャン吉」と書くなど、まるで遊び半分。こんな塔婆が〝成仏に不可欠〟

表面を削って何度も使い回す「削り塔婆」。薄くなりすぎて反り返る「バナナ塔婆」も当たり前だった

塔婆の削りカス

だというのか。

また、安沢淳栄《あんざわじゅんえい》（愛媛・妙源寺《みょうげんじ》）のように、塔婆で〝金縛《かなしば》りが治《なお》る〟と吹聴《ふいちょう》したり、小林雄勝（現、東京・常泉寺《じょうせんじ》内）のように、塔婆を立てると〝未来が予知《よち》できる〟などとオカルトまがいの妄説《もうせつ》で信徒を幻惑《げんわく》した例も。

さらに、盆《ぼん》や彼岸《ひがん》だけではなく、新年の「正月塔婆」や「結婚式塔婆」、交通安全祈願《きがん》の「ナンバープレート塔婆」、「マンション売買《ばいばい》祈願塔婆」など、やりたい放題《ほうだい》。揚《あ》げ句《く》の果てには、調子に乗って、1年365日の「毎日塔婆」を強要《きょうよう》する悪徳坊主《あくとくぼうず》まで出る始末《しまつ》だ。

坊主が口々《くちぐち》に説く〝塔婆の功徳〟もメチャクチャだ。

「塔婆を立てた人に9割、先祖《せんぞ》に1割の功徳」（故・早瀬義雄《ぎゆう》、大阪・妙《みょう》栄寺《えいじ》）

「塔婆を立てた人には7割、故人には3割の功徳がある」（高野法雄《ほうおう》、現、京都・平安寺）

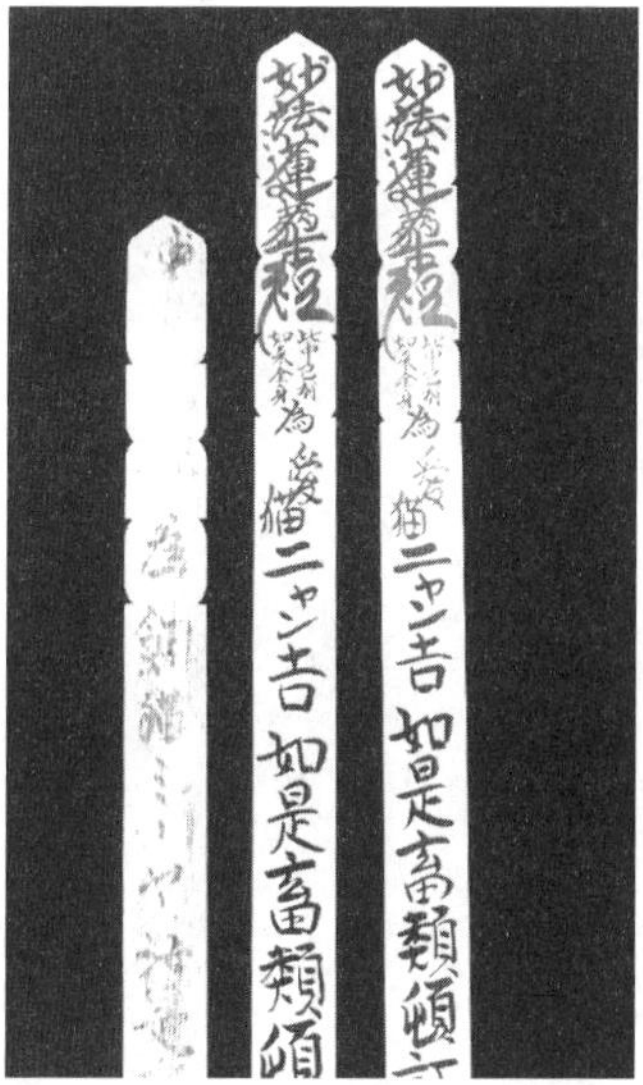

「ペット塔婆」で荒稼ぎの坊主連中。戒名は“ニャン吉”などといい加減の極み

「2分が死者に、残りの8分が供養した人に功徳がいきますから」などと女房に言わせていた和田堅照《けんしょう》（現、福岡・法霑寺《ほうでんじ》内）

そもそも、こうした〝功徳分割説《くどくぶんかつせつ》〟自体、仏法と無縁《むえん》の邪説《じゃせつ》である。

日顕宗は、「亡くなった方は塔婆供養を待ちこがれています」（「日蓮正宗の行事」）などと言うが、獲物《えもの》を狙《ねら》うが如《ごと》く舌《した》なめずりして供養を待ちこがれているのは、日顕宗の坊主どもであろう。

実際、〝追《お》い剥《は》ぎ〟のように塔婆だ供養だと金をせびる坊主らに愛想《あいそ》を尽かす法華講員や遺族が、今なお続出《ぞくしゅつ》している。

大聖人は、「謗法《ほうぼう》の者をやしなう《養》は仏種《ぶっしゅ》をたつ《断》」（高橋殿御返事、1467ページ）と厳しく断じられた。

金に目がくらみ、腐敗堕落《ふはいだらく》の権化《ごんげ》と化《か》した日顕宗に塔婆を頼んで供養しても、功徳など微塵《みじん》もなく、かえって悪道《あくどう》に堕《お》ちることは間違いない。

❹回忌法要《かいきほうよう》、追善回向《ついぜんえこう》

御聖訓

今日蓮等の類《たぐ》い聖霊を訪《とぶら》う時法華経を読誦《どくじゅ》し南無妙法蓮華経と唱《とな》え奉《たてまつ》る時・題目の光無間《むけん》に至《いた》りて即身《そくしん》成仏せしむ、廻向《えこう》の文此《こ》れより事起《ことおこ》るなり

（御義口伝、712ページ）

檀家制度《だんかせいど》で風習《ふうしゅう》が定着

日本では故人《こじん》を弔《とむら》うにあたり、葬式《そうしき》のほかにも、初七日《しょなのか》や四十九日《しじゅうくにち》、一周忌《いっしゅうき》、三回忌《さんかいき》、七回忌など、何度も追善法要が行われる。

こうした回忌法要の起こりをたどると、仏教本来《ほんらい》の教えというよりも、インド、中国、

日本と仏教が伝来《でんらい》する中で、それぞれの慣習《かんしゅう》に基《もと》づいて、徐々に儀礼《ぎれい》化されてきた経緯《けいい》がある。

たとえば、初七日、四十九日といった7日ごとの区切《くぎ》りに儀式を行うことはインドの〝中陰思想《ちゅういんしそう》〟に基づいている。

また、百箇日《ひゃっかにち》、一周忌、三回忌等は、中国の風習《ふうしゅう》を取り入れたものとされ、七回忌以降の法要は、日本仏教によって根付《ねづ》いたとされている。

日本では、寺院が収入《しゅうにゅう》を確保《かくほ》するために室町《むろまち》時代から奨励《しょうれい》され、江戸時代に入ると檀家《だんか》制度によって、法要は〝檀家の義務《ぎむ》〟として強制《きょうせい》されるに至《いた》った。

そのような影響《えいきょう》から、日本にも回忌法要の風習が定着《ていちゃく》していったのである。

つまり、仏教の歴史を見れば、回忌法要がなければ、故人が成仏《じょうぶつ》できないということでは決《けっ》してない。

法要をするかどうかは、あくまで故人の遺志《いし》や遺族《いぞく》の判断《はんだん》により、自由なのである。

ところが、こうした慣習にことよせて、あたかも回忌法要が、成仏に不可欠《ふかけつ》であるかのように装《よそお》って、信徒から供養を騙《だま》し取ってきたのが日顕宗である。

日顕宗の坊主《ぼうず》らが、供養収奪《しゅうだつ》を正当化《せいとうか》するために専《もっぱ》ら悪用《あくよう》したのが、のちに自分たちでも「真偽未決書《しんぎみけつしょ》」と言い出した「十王讃歎抄《じゅうおうさんたんしょう》」と「回向功徳抄《えこうくどくしょう》」。

日顕宗では、これらの文が、金科《きんか》玉条《ぎょくじょう》のごとく用いられていた。

たとえば木村礼道《れいどう》（埼玉・正興寺《しょうこうじ》）などは、「死人に閻魔王《えんまおう》勘て四十九の釘《くぎ》をうつ」で始まる「回向功徳抄」を悪用して、「死ぬと死苦《しく》といって、穴《あな》という穴に釘が刺《さ》さっている。塔婆《とうば》を立てるごとに釘が一本ずつ抜けるから、四十九日まで毎日立てることがまずは大事《だいじ》」などと、なんともおぞましい邪《じゃ》義《ぎ》を吹聴《ふいちょう》した。

一九　回向功徳抄[1]

涅槃經云、死人に閻魔王勘て四十九の釘をうつ。先目に二、耳に二、舌に六、胸に十八、腹に六、足に十五打也。各々長一尺也取意。而に娑婆に孝子有て、彼追善の爲に僧を請ぜんとて人をはしらしむる時、閻魔王宮に此事知て、先足に打たる十五の釘をぬく。其故は、佛事の爲に僧を請ずるは[2]功徳の初なる間、足の釘を

かつて「回向功徳抄」（写真左）が掲載されていた「昭和新定　日蓮大聖人御書」（同上）。のちに宗門が「真偽未決書」として削除した

このほか、回忌法要を口実《こうじつ》に、どれだけ遺族《いぞく》を苦しめてきたか。

長谷川恭照《きょうしょう》（当時、新潟・妙護寺）は、供養を持って法要の依頼《いらい》に来た信徒に対し、「三回忌というのに御供養が少ないじゃないか」と言い放ち、「あんた、常識《じょうしき》がないよ！　見たところ、食うには困らんようじゃないか！」などとまくし立てた。

また、故・上田慈一《じいち》（静岡・寿量寺《じゅりょうじ》）のように、「回忌法要をきちんとやらなければ、身

体に障害《しょうがい》を持つ子どもが生まれてくる」と脅して法要を迫る最低坊主もいる。

野村慈尊《じそん》（千葉・清涼寺《しょうりょうじ》）は、3組の法要を同時に執《と》り行った際、読経唱題《どきょうしょうだい》が終わるや後ろを振り返り、ある組に向かって「多額の供養ありがとうございます」と、わざわざ周囲《しゅうい》に聞こえるような大きな声であいさつ。別の遺族は、野村の露骨《ろこつ》な言動《げんどう》に、「(日顕宗の坊主は) 程度《ていど》が悪い。聞いちゃいられない」と激怒《げきど》して、法要後すぐに帰ってしまった。

要《よう》は、日顕宗にとって回忌法要とは、戒名《かいみょう》や塔婆《とうば》といった他の化儀《けぎ》と同様、〝金《かね》もうけの道具〟に過ぎないのである。

功徳《くどく》を回し向《む》ける

法要《ほうよう》は、日顕宗にとって大事な収入源《しゅうにゅうげん》。だから、〝僧侶《そうりょ》による法要でないと故人は成仏しない〟〝葬儀や法事《ほうじ》に僧侶を呼ぶのが伝統《でんとう》化儀〟というのが常套句《じょうとうく》になっている。

しかし、そもそも、坊主による法要が成仏に必須《ひっす》というならば、生前《せいぜん》の仏道修行など、まったく無意味。一生、遊《あそ》んで暮《く》らしても死ぬ間際《まぎわ》に坊主を呼んで金を渡し、法要さえしてもらえばよい、ということになってしまう。

しかし、仏法における成仏は、そんな安易《あんい》なものではない。

大聖人の教えには、成仏を、坊主や他者《たしゃ》にゆだねる思想などまったくない。大聖人が、「冥途《めいど》にはともしびとなり死出《しで》の山にては良馬《りょうめ》となり」（妙法曼陀羅供養事、1305ページ）と、示されている通り、御本尊に対する生前の信心こそ、成仏の根本である。

さらに、「回向《えこう》」とは、「回転趣向《えてんしゅこう》」という意義があり、自《みずか》らが仏道修行して得た功徳《くどく》を他の人々にも回し向《む》ける。それによって、自他《じた》ともに成仏していくという意味がある。

つまり、回向の前提《ぜんてい》には、自らの仏道修行の積《つ》み重《かさ》ねがなければならないのである。

実際、命に及ぶ大難《だいなん》「竜《たつ》の口《くち》の法難」を乗り越えて発迹顕本《ほっしゃくけんぽん》された大聖人は、「今度頸《くび》を法華経に奉《たてまつ》りて其《そ》の功徳を父母に回向せん其のあまりは弟子檀那《だんな》等にははぶく《配当》べし」（種《しゅ》種《じゅ》御《お》振舞《ふるまい》御書《ごしょ》、913ページ）と、その功徳を亡《な》き父母に回し向けたうえで、功徳が余《あま》れば弟子たちにも分け与《あた》えたいと仰《おお》せになっている。

また、亡き師・道善房《どうぜんぼう》に送った「報恩抄《ほうおんしょう》」では、有名な「日蓮が慈悲曠大《じひこうだい》ならば南無妙法蓮華経は万年の外・未来までもながる《流行》べし、日本国の一切衆生の盲目をひらける功徳あり、無間地獄《むけんじごく》の道をふさぎぬ、此の功徳は伝教・天台にも超え竜樹《りゅうじゅ》・迦葉《かしょう》にもすぐれたり」（報恩抄、329ページ）の御文の後、「此の功徳は故道善房の聖霊の御身にあつまるべし」（同）と明示されている。広布《こうふ》に邁進《まいしん》し、一切衆生《いっさいしゅじょう》を救うことが、師の大恩《だいおん》に報《むく》いる道であると断言されているのだ。

回向に必要なのは、形式《けいしき》でも観念《かんねん》でもない。真剣な祈りであり、不惜《ふしゃく》身命《しんみょう》の実践《じっせん》なのである。

〝法要に坊主が不可欠〟などというのは、少しでも多く供養をむしり取りたい坊主たちが、都合《つごう》のいいように取って付けた妄説《もうせつ》であり、邪説《じゃせつ》にほかならないのである。

大聖人は、回向について、こうも説かれている。

「今日蓮等の類《たぐ》い聖霊《しょうりょう》を訪《とぶら》う時法華経を読誦《どくじゅ》し南無妙法蓮華経と唱《とな》え奉《たてまつ》る時・題目の光無間《むけん》に至《いた》りて即身《そくしん》成仏せしむ、廻向《えこう》の文此《もんこ》れより事起《おこ》るなり」（御義口伝、712ページ）

真心《まごころ》の題目は、たとえ無間地獄にある人でも、即身成仏の道へと導《みちび》いていくことができる。

また、「親の跡《あと》をつがせ給《たま》いて又此《こ》の経《きょう》を御信用あれば・故聖霊《こしょうりょう》いかに草のかげにても喜びおぼすらん」（上野殿御返事、1508ページ）と仰せのように、親の遺志を継《つ》いで仏道修行に励《はげ》むことは、そのまま追善《ついぜん》回向となっていく。

〝必《かなら》ず僧侶を呼んで法事をしなさい〟とか〝法要をしなければ成仏できない〟とは、御書《ごしょ》には一切《いっさい》出てこない。

学会では、春夏秋《はるなつあき》と勤行法要を行い、広宣流布《こうせんるふ》の途上《とじょう》で逝《ゆ》いた故人や先祖《せんぞ》を回向する厳《げん》粛《しゅく》な追善を行っている。

そして、朝夕《あさゆう》の勤行の際《さい》も、各人《かくじん》が故人に題目を送り、追善回向をしている。

大聖人が、一貫《いっかん》して御教示《ごきょうじ》されているのは、「御本尊根本の信心」である。だからこそ、大聖人の教え通りに「御本尊根本」を貫《つらぬ》いている学会には、無量無辺《むりょうむへん》の功徳があるのだ。

「一生成仏」の信心

なお、成仏について論《ろん》じる上で、決して忘れてはならないのが、「いき《生》てをはしき時は生《せい》の仏・今は死の仏・生死《しょうじ》ともに仏なり、即身成仏と申《もう》す大事《だいじ》の法門これなり」（上野殿後家尼《ごけあま》御返事、1504ページ）と、大聖人が示された生死観《かん》である。

夫を亡くした夫人を励《はげ》まされているこの御書《ごしょ》で、大聖人は、〝ご主人が生きている時は「生の仏」、今は「死の仏」、生死ともに仏です〟と説かれている。

つまり、日蓮《にちれん》仏法において、生死観とは、「死んで仏になる」のではない。生きている間に仏になる「一生成仏」のための信心なのである。

そして、成仏の要諦《ようてい》は、「南無妙法蓮華経とばかり唱へて仏になるべき事尤《もっと》も大切なり」（日女御前御返事、1244ページ）と仰《おお》せの通り、あくまで信心が根本であることは言うまでもない。

故《ゆえ》に、現世《げんせ》を離《はな》れた〝死後《しご》の幸福《こうふく》〟を強調《きょうちょう》する他宗《たしゅう》とは一線を画《かく》す。

〝法要《ほうよう》をしなければ地獄に堕《お》ちる〟などという言《い》い草《ぐさ》は、現世《げんせ》において、人を救《すく》う力《ちから》も確信も信心もない悪侶《あくりょ》の戯言《たわごと》であり、人の死を食い物にする葬式仏法の、金を絞《しぼ》り取るための脅《おど》し文句にすぎない。

❺彼岸《ひがん》、盆《ぼん》

御聖訓

まことの心なれども供養せらるる人だにも・あしければ功徳とならず、かへりて悪道《あくどう》におつる

（窪尼御前御返事、１４８６ページ）

教義的根拠なき邪義《じゃぎ》、妄説《もうせつ》

一般的に「彼岸」といえば、春分《しゅんぶん》の日、秋分《しゅうぶん》の日を含《ふく》めた前後７日間に行う「彼岸会《え》」、あるいはその時期のことを指《さ》す。いわば、先祖《せんぞ》や親族等を供養する節目《ふしめ》の意味合いである。

しかし元来《がんらい》、「彼岸」とは、〝向こう側の岸〟という意味を表し、「此岸《しがん》（こちら側の岸）」という言葉と対比される。

仏法では、煩悩《ぼんのう》を抱《かか》えた迷いの境涯《きょうがい》を「此岸」、悟りを得た仏の境涯を「彼岸」ととら

える。

法華経序品《じょほん》には、「通達大智《つうたつだいち》　到於彼岸《とうおいた》（大智に通達し、彼岸に到《いた》り）」との一節がある。

御書《ごしょ》に「小乗経と申す経は世間の小船のごとく・わづかに人の二人・三人等は乗すれども百千人は乗せず、設《たと》ひ二人・三人等は乗すれども此岸《しがん》につけて彼岸へは行きがたし」（乙御前御消息《おとごぜんごしょうそく》、１２１８ページ）と仰《おお》せの通り、あくまで「到彼岸（彼岸に到る）」の意味合いで用《もち》いられている。

つまり、仏法における「彼岸」の本義は、「成仏の境涯」であり、「成仏に到る仏道修行の実践」にあるのだ。

そもそも、春・秋の彼岸会は、日本独特《どくとく》の風習《ふうしゅう》で、法華経にも御書にも一切説《と》かれていない。「彼岸」に伴《ともな》って、寺の参詣《さんけい》や墓参《ぼさん》が盛《さか》んになったのも、江戸時代以降とされている。

ましてや、「彼岸」になるや、「塔婆《とうば》だ」「供養だ」と騒《さわ》ぎ立《た》てるなど論外《ろんがい》。こうした日顕宗の言い分は、単《たん》なる金もうけの口実《こうじつ》に過ぎないのである。

春・秋の彼岸会とともに、日顕宗の坊主が供養集めに走るのが、７月から８月にかけての「お盆」。

その淵源《えんげん》は、「盂蘭盆経《うらぼんきょう》」という経文に出てくる、釈尊《しゃくそん》の弟子・目連《もくれん》が、地獄に堕《お》ちた母を救うために供養をするという逸話《いつわ》である。

日本における「お盆」の儀礼《ぎれい》は、この逸話をもとにした仏事《ぶつじ》と、古来からの先祖供養が結びついたものと言われている。

初めは貴族や武士階級の間《あいだ》に広まり、大聖人御在世の時代には、民間にもかなり定着《ていちゃく》していた。

堕落《だらく》した既成《きせい》仏教は、目連の母が「供養で成仏した」ことを都合《つごう》よく利用し、信徒から供養収奪《しゅうだつ》を繰《く》り返《かえ》した。

そこで大聖人は、「四条金吾殿御書（盂蘭盆由来《ゆらい》御書）」「盂蘭盆御書」などを通じて、こうした坊主らを徹底《てってい》して破折《はしゃく》され、「お盆」の意義、追善供養の本義を明示《めいじ》されたのである。

目連ほどの聖者《せいじゃ》が、なぜ母を救《すく》えなかったのか。そのことについて大聖人は、「自身仏にならずしては父母をだにもすくい《救》がた《難》し」（盂蘭盆御書、1429ページ）と示されている。「神通第一」と言われた目連も小乗教の戒律を捨て、正法を信じ、題目を唱え、仏道修行を実践したことで、初めて父母も成仏することができた。どこまでいっても、「成仏」の要件《ようけん》は、正しき法を、正しく実践することにある――大聖人は、そう御教示《ごきょうじ》されたのである。

いずれにせよ、盂蘭盆会も彼岸会と同様、後世《こうせい》に作られた儀礼であり、日顕宗では、坊主の供養集めの手段《しゅだん》と化《か》しているのが実態《じったい》である。

広布への祈り、実践が肝要《かんよう》

大聖人は、祖先や故人を追善《ついぜん》供養する門下の真心《まごころ》については、大変に尊重《そんちょう》されている。一方で、社会的な風習《ふうしゅう》については、教義として積極的《せっきょくてき》に用いられたことはなく、門下が信心を修《しゅう》する機会《きかい》において、そうした慣習を認められている。

「強《あなが》ちに成仏の理《り》に違《たが》わざれば且《しば》らく世間普通の義を用《もち》ゆべきか」（太田左衛門尉《おおたさえもんのじょう》御返事《ごへんじ》、1015ページ）――仏法の本義に違わない限り、地域や時代に即《そく》した習俗《しゅうぞく》を用いるのであると、大聖人は仰《おお》せである。

創価学会では、この「随方毘尼《ずいほうびに》」の法理に則《のっと》り、「彼岸勤行法要《ほうよう》」を開催《かいさい》。「お盆《ぼん》」には、毎年7月、あるいは8月15日を中心に、全国各地で「諸精霊《しょしょうりょう》追善勤行法要」が営《いとな》まれている。

広宣流布《こうせんるふ》の清新《せいしん》な息吹《いぶき》みなぎる学会の会館に、同志や遺族等が集って故人を偲《しの》び、真心からの勤行・唱題を行っている。

さらに、大聖人の仏法においては、毎日の勤行・唱題の実践が、そのまま「彼岸会《ひがんえ》」「盂蘭盆会《うらぼんえ》」の意義を持つ〝常彼岸〟であり、〝常盆〟なのである。

広宣流布に邁進《まいしん》する祈りと実践の功徳が、故人をも大きく包《つつ》み込《こ》んでいく。これこそ、大聖人の御心にかなった追善の在《あ》り方《かた》なのである。

僧侶の姿をした〝天魔《てんま》〟

「彼岸《ひがん》」や「お盆《ぼん》」で金もうけを企《たくら》み、卑《いや》しい性根《しょうね》をさらす日顕宗の坊主。日顕宗のような悪僧《あくそう》らを、大聖人は「盂蘭盆御書《うらぼんごしょ》」で厳しく破折《はしゃく》されている。

「いま《今》の僧等《そうら》の二百五十戒は名計《ばか》りにて事をかい《戒》によせて人をたぼらかし一分《いちぶん》の神通《じんつう》もなし、大石の天にのぼらんと・せんがごとし、智慧《ちえ》は牛にるい《類》し羊にことならず、設《たと》い千万人を・あつめたりとも父母の一苦すくう《救》べしや」（1428ページ）。

池田名誉会長はこの御文を通して、次のように語られている。

「大聖人は、仏法の勝劣《しょうれつ》を知らない愚《おろ》かな坊主たちが大勢集まって祈祷《きとう》したとしても、追《つい》善《ぜん》供養などにならないことを、徹底的に糾弾《きゅうだん》されている」

「真実の宗教に背《そむ》く、ずる賢《がしこ》い坊主が拝んでも、成仏するということは、絶対にありえない。断じて、だまされてはいけない」（「盂蘭盆の意義を語る」）

金に目が眩《くら》んで、信心のカケラもない日顕宗の堕落《だらく》坊主が、いくら拝もうと、故人が成仏することなど、断じてありえないのである。

この点については、戸田第２代会長の破折も痛快《つうかい》である。

「世間では、盆とは、先祖を苦しめて、坊主が金を儲《もう》ける行事だ」

「今の坊主をよく見よ、お盆回りに、眼《め》の色を変えてる坊主どもを見よ」

「彼岸といいお盆といい寺に詣《もう》でる者多く、あたかも日本は仏教隆盛《りゅうせい》の国のようにみえる。しかるにその真実は仏法の形骸《けいがい》のみあって真の仏法はない」

また、欲《よく》に狂《くる》った坊主に対しては、

「坊主は、人々を救うためにある存在だ。それを、御供養といって、信者を金儲けの道具にし、何の贅沢《ぜいたく》に使ったのか。何の遊戯雑談《ゆげぞうだん》に使ったのか。仏法の本義から根本的に誤った、腐《くさ》った精神の奴《やつ》らである。あまりにも情《なさ》けない奴だ」

と、その醜悪《しゅうあく》な正体を厳然《げんぜん》と見抜かれていた。

実際、「彼岸」だの「お盆」だのと、あれこれ理由をつけて巻き上げてきた供養で、日顕は何をしてきたか。

ファミリーを引き連れて温泉豪遊《おんせんごうゆう》、億単位の豪邸漁《ごうていあさ》り、大散財《さんざい》の芸者遊興《ゆうきょう》――まさしく「遊戯雑談」の極みであり、「腐った精神」の「あまりにも情けない奴」そのものではないか。

そして、戸田会長の予見《よけん》通り、私利私欲《しりしよく》に狂い、宗門を私物化し、天魔《てんま》の本性を顕《あらわ》した日顕は、仏意仏勅《ぶついぶっちょく》の学会を切るという大暴挙《だいぼうきょ》に及《およ》んだ。

ともあれ、「彼岸」にしても「お盆」にしても、先祖や亡くなった親族に敬愛《けいあい》の念《ねん》をもって、真心から追善《ついぜん》の題目を送ることが大事であり、何より、そうした節目《ふしめ》を契機《けいき》に、あらためて広宣流布への決意も新たに、行動を開始していくことが肝要《かんよう》である。

そこに、日顕宗の坊主が介在《かいざい》する余地《よち》など微塵《みじん》もない。

「まことの心なれども供養せらるる人だにも・あしければ功徳とならず、かへりて悪道《あくどう》におつる」（窪尼御前御返事、1486ページ）との御聖訓は、どんなに、信心があっても供養した相手が悪ならば、供養した側も悪道に堕《お》ちるとの誡《いまし》めなのだ。

金もうけの道具としてペラペラになるまで何度も表面を削り、使い回される塔婆（大石寺にて）

❻勤行――弛《たゆ》まぬ実践こそ仏道修行の要《かなめ》

御聖訓

深く信心を発《おこ》して日夜《にちや》朝暮《ちょうぼ》に又懈《おこた》らず磨《みが》くべし何様《いかよう》にしてか磨くべき只《ただ》南無妙法蓮華経と唱《とな》へたてまつるを是《これ》をみがくとは云うなり

（一生成仏抄、３８４ページ）

２００４年（平成16年）９月、創価学会は、勤行について、それまでの「五座三座《ござさんざ》」から改め、「方便品《ほうべんぽん》・自我偈《じがげ》の読誦《どくじゅ》と唱題」を正式な勤行として制定した。会員の要請に応え、本格的な世界広宣流布《こうせんるふ》の時代に適した様態《ようたい》へと移行したのである。一方、自行化他《じぎょうけた》の信心を忘れ、民衆の心がまったく理解できない日顕宗は、〝五座三座だけが宗祖以来の伝統〟などと嘯《うそぶ》いている。ますます形骸化《けいがいか》、権威化する日顕宗――まさに、時代錯誤《さくご》の〝葬式仏教〟の典型である。

方便品《ほうべんぼん》・自我偈《じがげ》の読誦《どくじゅ》と唱題

1991年（平成3年）に広布破壊《はかい》の日顕宗の黒い鉄鎖《てっさ》を断《た》ち切って以降《いこう》、創価学会は、不惜身命《ふしゃくしんみょう》で折伏弘教《しゃくぶくぐきょう》に邁進《まいしん》し、「一閻浮提広宣流布《いちえんぶだいこうせんるふ》」との日蓮大聖人の御遺命《ごゆいめい》通り、世界中へと仏法を弘《ひろ》めてきた。

そんな中、世界各地で、広宣流布のために真剣に信行《しんぎょう》を貫《つらぬ》く同志《どうし》から、いかなる国や文化のもとでも、一人一人が真《ま》っすぐに勤行の本義《ほんぎ》を貫《つらぬ》いていけるように、また、それぞれの国や地域の折伏弘教をさらに進展《しんてん》させていくために、必要な措置《そち》として、「五座三座《ござさんざ》」よりも簡潔《かんけつ》な勤行を採用《さいよう》するよう、要望《ようぼう》が数多く寄《よ》せられていた。

そこでSGI（創価学会インタナショナル）では、従来《じゅうらい》から会合等で用《もち》いられている「方便品・自我偈の読誦と唱題」による勤行を海外における入会基準《きじゅん》として認《みと》めるなどの暫定《ざんてい》的《てき》な対応《たいおう》をとった後、2003年（平成15年）9月には、SGI常任《じょうにん》理事会、理事会での検討《けんとう》・決定に基《もと》づいて、この方式を海外における勤行として認定《にんてい》した。

この結果、ますます発展《はってん》を遂《と》げたSGI各国から、多くの喜びの声が寄せられた。

この間、日本においても、本格的な世界広宣流布の時代の到来《とうらい》という「時」のうえから、

ＳＧＩと統一《とういつ》となる「方便品・自我偈の読誦と唱題」の制定を望む声が強まっていた。

そこで学会も、翌年、師範《しはん》会議、総務会で慎重《しんちょう》に審議《しんぎ》したうえで、「方便品・自我偈の読誦と唱題」の勤行を学会の正式な勤行として制定するにいたったのである。

なお、この際に、勤行の最後に祈念する「御祈念文《ごきねんもん》」も新《あら》たに取り決め、世界広布の時代にふさわしい「御本尊への報恩感謝《ほうおんかんしゃ》」「広宣流布祈念」「諸願《しょがん》祈念ならびに回向《えこう》」の３つからなる御祈念文が制定された。

腐敗堕落《ふはいだらく》の日顕宗

一方、化儀《けぎ》と称《しょう》して、坊主による葬儀や塔婆《とうば》、戒名《かいみょう》などを信者に強要《きょうよう》している日顕宗だが、勤行においても、〝五座三座《ござさんざ》が宗門の伝統《でんとう》〟〝五座三座でなければ罰《ばち》が当たる〟などという根拠のない妄説《もうせつ》が、まかり通っている。

しかし、もともと御書《ごしょ》には、「五座三座」について説《と》かれた御文はなく、日興《にっこう》上人が残された文献《ぶんけん》にも出てこない。

本山が整備《せいび》されるにつれて、御影堂《みえいどう》など、それぞれの堂で僧侶《そうりょ》が勤行を行うようになり、17世紀から18世紀初め、大聖人御入滅《ごにゅうめつ》から約４００年経った江戸時代に、それまで５カ所で行われていた勤行が、一括して一カ所で行われるようになった。

これが、やがて「五座三座」という形に整備され、一般に形式化されていくのである。

現《げん》宗門の坊主《ぼうず》や法華講員のように、あたかも「五座三座」の形式が絶対要件であるかのような言《い》い草《ぐさ》は、仏法の本義、大聖人の御精神《ごせいしん》とはまったく相反《あいはん》する。

そもそも、修行《しゅぎょう》そっちのけで腐敗堕落している日顕宗に、仏道修行の根幹である勤行を論じる資格《しかく》はない。

表向《おもてむ》きは、化儀や形式を重んじているように装《よそお》っているが、一皮《ひとかわ》めくれば、日顕らの勤行の姿勢は、実にいい加減《かげん》だ。

そもそも、法主《ほっす》だった日顕からして丑寅《うしとら》勤行サボりの常習犯。

しかも、その理由の大半《たいはん》が、〝綱紀自粛《こうきじしゅく》〟を自《みずか》ら破ったことで有名な1990年（平成2年）8月の遊蕩《ゆうとう》をはじめ、一族郎党《いちぞくろうとう》での温泉豪遊《おんせんごうゆう》というのだから開いた口がふさがらない。

1993年（平成5年）12月の〝居眠《いねむ》りスペイン親修《しんしゅう》〟では、勤行中にウトウト寝入《ねい》る日顕のみっともない姿に呆《あき》れ、多くの檀徒《だんと》が脱講《だっこう》した。

本来、厳粛《げんしゅく》に行われるはずの「入仏式《にゅうぶつしき》」という、宗門にとって最も重要な儀式《ぎしき》で、法主が体をグラグラ揺《ゆ》らしながら目をつむり、朦朧《もうろう》としていたのだから幻滅《げんめつ》するのも当然《とうぜん》だ。

現法主・日如にしても、勤行嫌《ぎら》いは周知《しゅうち》の事実《じじつ》。

日如が大願寺《だいがんじ》にいたころ、同寺に在勤《ざいきん》していた渡辺雄範《ゆうはん》住職（青年僧侶改革同盟）が目にしたのは、あまりに異常な光景《こうけい》だった。

いったん坊主仲間と酒盛《さかも》りを始めると止まらない。午後６時になって寺で信徒が勤行を始めても、それを尻目《しりめ》に20人もの坊主らが日如を囲んで酒をあおっていたという。

渡辺住職は、〝法務《ほうむ》以外に、日如が自ら御本尊に向かう姿を見たことがない〟と明《めい》確《かく》に証言《しょうげん》している。

日顕のドラ息子・阿部信彰《しんしょう》は、さらにひどい。

信彰が初めて住職になった埼玉・能持寺《のうじ》

勤行中にウトウト寝入る日顕のみっともない姿に多くの檀徒が脱講した“居眠りスペイン親修”（1993年〈平成５年〉12月）

にいたころ、寺の従業員《じゅうぎょういん》から「なぜ住職は朝の勤行をしないんですか?」と聞かれ、信彰は「私はプロだよ。お金にならないお経《きょう》は読まない」と傲然《ごうぜん》と言《い》い放ったというのだから呆れ果てる。

日顕も日如も信彰も、「深く信心を発《おこ》して日夜朝暮《にちやちょうぼ》に又懈《おこた》らず磨《みが》くべし何様《いかよう》にしてか磨くべき只《ただ》南無妙法蓮華経と唱《とな》へたてまつるを是《これ》をみがくとは云うなり」（一生成仏抄、384ページ）との大聖人の教えなど、頭《あたま》の片隅《かたすみ》にもないのであろう。

「自行化他《じぎょうけた》」の題目こそ肝要《かんよう》

上《うえ》が上なら下《した》も下。

元《もと》法華講員の証言などによれば、末寺坊主の行体《ぎょうたい》も目を覆《おお》わんばかりだ。

勤行の途中《とちゅう》で塔婆《とうば》を書き始めたり、ネコを追いかけるために中座《ちゅうざ》した入江肇道（高知・法厳寺）。

信徒に「勤行が合わない」と偉《えら》そうに言うくせに、自分は「十如是《じゅうにょぜ》」を4回も5回も繰り返すなど、いい加減《かげん》な佐藤一応（当時、新潟・正覚寺《しょうかくじ》）。

〝酒を飲めば舌回《したまわ》りがいい〟などと言って勤行前に酒をひっかけたところ、飲《の》み過《す》ぎてろれつが回らず醜態《しゅうたい》を晒《さら》した、酔《よ》っ払《ぱら》い坊主の長谷川章道《しょうどう》（当時、岡山・究竟《くきょう》寺）。

いつ見ても勤行する様子がないため、なぜ勤行しないのかと問《と》い詰《つ》めると、「五座三座など、そんなもの、私はやらなくてもいいんだ」と放言《ほうげん》した山賀道肇（当時、秋田・能信《のうしん》寺）。

これらは氷山《ひょうざん》の一角《いっかく》に過ぎない。山賀のように、普段《ふだん》、勤行をしていない坊主はゴロゴロいる。

日顕や日如をはじめ、日顕宗の坊主連中《れんちゅう》に共通しているのは、「大願《だいがん》とは法華弘通《ほっけぐつう》なり」（御義口伝、７３６ページ）との大聖人の御精神が、こうした言動《げんどう》からは微塵《みじん》も感じられないことだ。

大聖人は、「今日蓮が唱《とな》る所の題目は前代に異《こと》り自行化他《じぎょうけた》に亘《わた》りて南無妙法蓮華経なり」（三大秘法禀承事、１０２２ページ）と仰《おお》せである。

大聖人の仏法にあっては、自《みずか》ら祈ることと、他人を教化する行動は、修行の両輪《りょうりん》である。ところが、日顕宗の大悪僧《だいあくそう》たちには、法華弘通の大願も、抜苦与楽《ばっくよらく》の祈りも行動も、完全に欠落《けつらく》している。

大聖人が託《たく》された広宣流布《こうせんるふ》の大願を、日々の勤行で真剣に祈り、弛《たゆ》まざる折伏の実践を続け、現実のものとしてきたのが創価学会である。

学会が隆々《りゅうりゅう》たる大発展《はってん》を遂《と》げた理由、それは、大聖人の仰せのままに、勤行・唱題の仏道修行を積み重ねてきた大功徳に他ならないのである。

民衆勝利《みんしゅうしょうり》の凱歌《がいか》――創価《そうか》の宗教改革《しゅうきょうかいかく》

2011年7月3日／初版第1刷発行

編　者　創価学会青年部
発行者　大島光明
発行所　株式会社　第三文明社
東京都新宿区新宿 1-23-5
郵便番号　160-0022
電話番号　03-5269-7145（営業代表）
03-5269-7154（編集代表）
U R L　http://www.daisanbunmei.co.jp
振替口座 00150-3-117823
印刷所　壮光舎印刷株式会社
製本所　大口製本印刷株式会社

ISBN 978-4-476-06217-5